EL CONSENTIMIENTO

(¡PARA NIÑOS!)

CÓMO PONER LÍMITES, PEDIR RESPETO, Y ESTAR A CARGO DE TI MISMO

RACHEL BRIAN

Historias gráficas

PARA MIS TRES HIJOS, LOLA, MILO Y ENZO,
QUE ME INSPIRAN CON SU FEROZ SINGULARIDAD,
LLENAN MI VIDA DE AMOR Y OCASIONALMENTE
HASTA PREPARAN SUS PROPIAS BOTANAS

EL CONSENTIMIENTO (¡PARA NIÑOS!)

Título original: *Consent (for Kids!)*

© 2020 Rachel Brian (texto, ilustraciones y portada)
© 2020 Hachette Group, Inc.

Esta edición se publicó según acuerdo con Little, Brown and Company,
Nueva York, Estados Unidos. Todos los derechos reservados

Traducción: Laura Lecuona

D.R. © Editorial Océano, S.L.
Milanesat 21-23, Edificio Océano
08017 Barcelona, España
www.oceano.com

D.R. © Editorial Océano de México, S.A. de C.V.
Guillermo Barroso 17-5, col. Industrial Las Armas,
Tlalnepantla de Baz, 54080, Estado de México
www.oceano.mx
www.oceanotravesia.mx

Primera edición: 2020
Segunda reimpresión: julio, 2023

ISBN: 978-607-557-159-1

IMPRESO EN MÉXICO/ *PRINTED IN MEXICO*

Impresora Tauro, S.A. de C.V.,
Av. Año de Juárez 343, Col. Granjas San Antonio,
C.P. 09070, Iztapalapa, Ciudad de México.

¡BIENVENIDO!

ESTE LIBRO ES PARA TI.

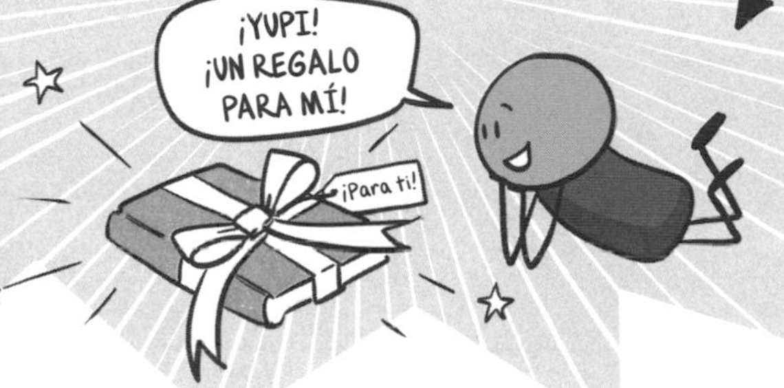
¡YUPI! ¡UN REGALO PARA MÍ!
¡Para ti!

POR CIERTO, TÚ ERES TODOS ÉSTOS.

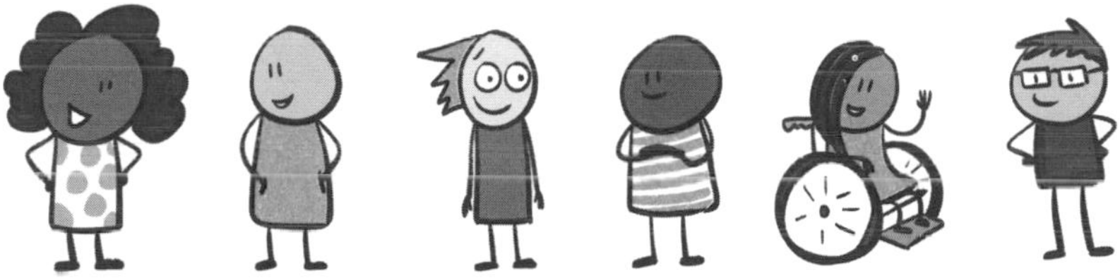

ESTÁ BIEN, NINGUNO ES EXACTAMENTE COMO TÚ.

YA SÉ QUE TÚ SÍ TIENES NARIZ.) PERO DIGAMOS QUE ERES ELLOS...

O QUE ESTE LIBRO **PUEDE** HACER:

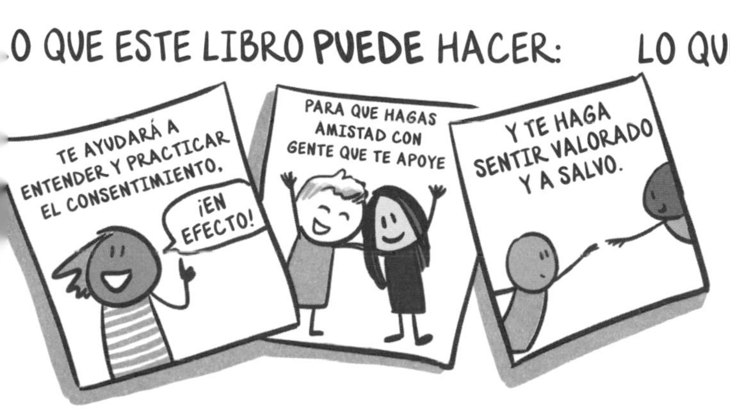
TE AYUDARÁ A ENTENDER Y PRACTICAR EL CONSENTIMIENTO.
¡EN EFECTO!
PARA QUE HAGAS AMISTAD CON GENTE QUE TE APOYE
Y TE HAGA SENTIR VALORADO Y A SALVO.

LO QUE **NO** PUEDE HACER:

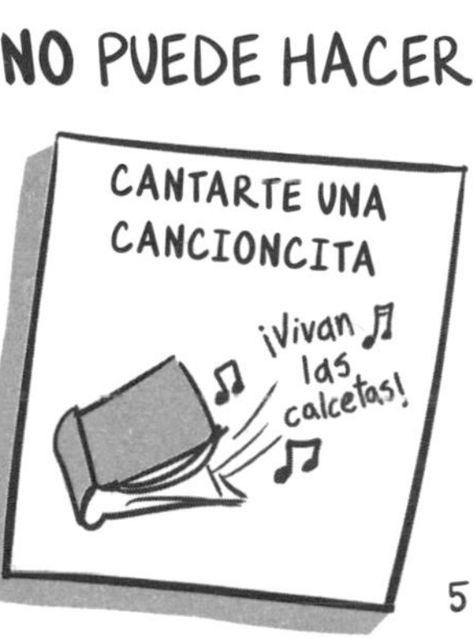
CANTARTE UNA CANCIONCITA
¡Vivan las calcetas!

QUÉ HAY ADENTRO:

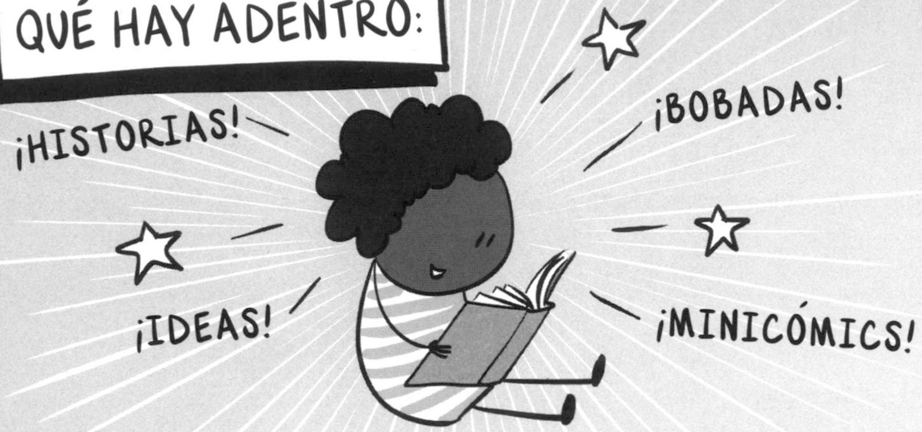

¡HISTORIAS!
¡BOBADAS!
¡IDEAS!
¡MINICÓMICS!

COSAS QUE DESCUBRIRÁS:

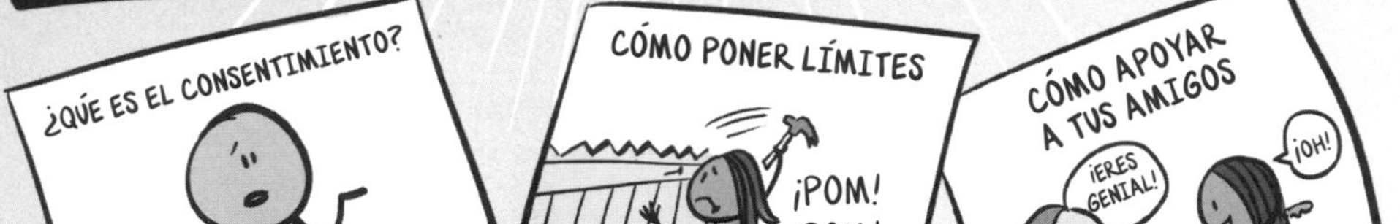

¿QUÉ ES EL CONSENTIMIENTO?
(PISTA: ES ACEPTAR ALGO.)
CÓMO PONER LÍMITES
¡POM! ¡POM! ¡POM!
EH... NO, ASÍ NO.
CÓMO APOYAR A TUS AMIGOS
¡ERES GENIAL!
¡OH!
¿PUEDES CAMBIAR DE OPINIÓN?
NO.
ESPERA, ¡SÍ!
¿ESTÁ BIEN QUE LA GENTE O LOS ZORRILLOS TE HAGAN DAÑO?
CREO QUE NO.
¿CÓMO ES UNA RELACIÓN SANA?
RES
PETO

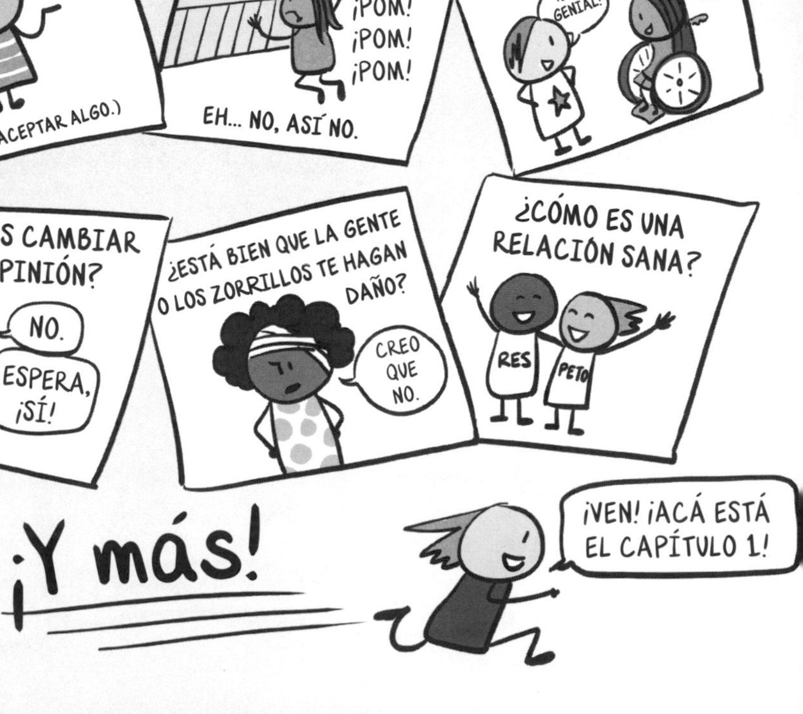

¡Y más!
¡VEN! ¡ACÁ ESTÁ EL CAPÍTULO 1!

capítulo 1 TÚ MANDAS

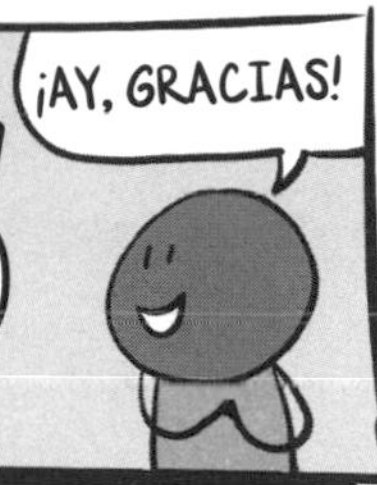
¡AY, GRACIAS!

EL CONSENTIMIENTO

ES COMO SER GOBERNANTE DE TU PROPIO PAÍS.

POBLACIÓN: **TÚ.**

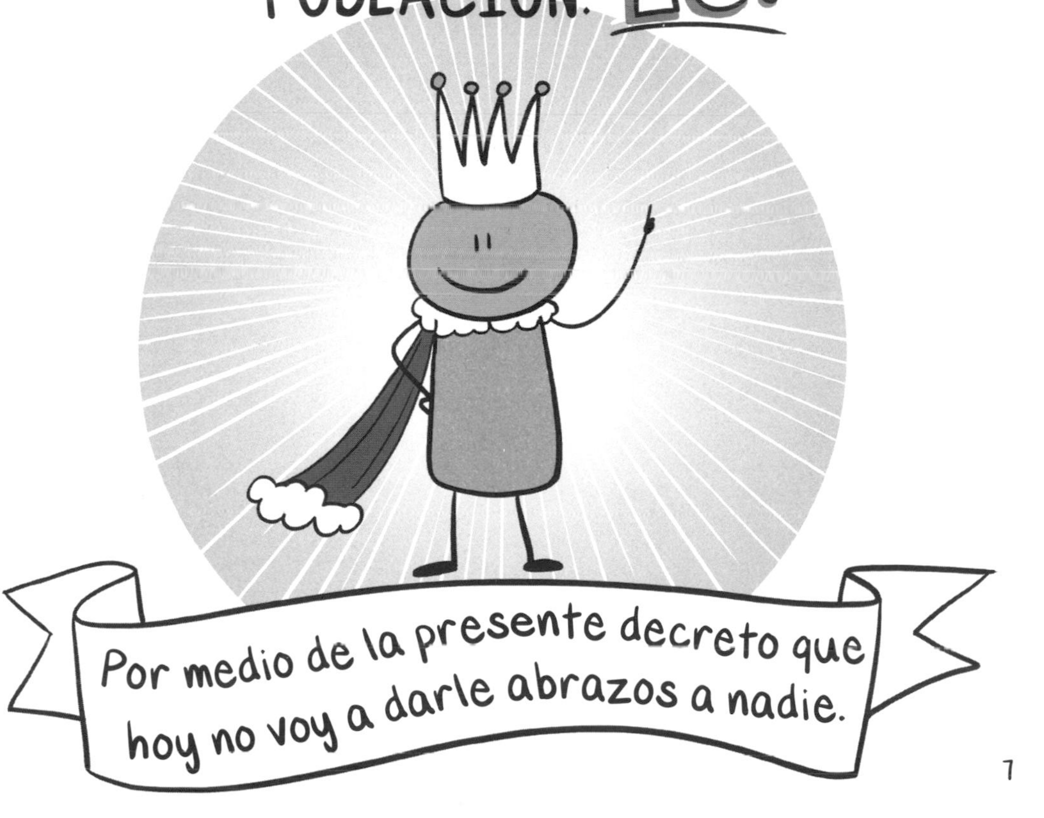
Por medio de la presente decreto que hoy no voy a darle abrazos a nadie.

SER GOBERNANTE DE TU PROPIO CUERPO SIGNIFICA:

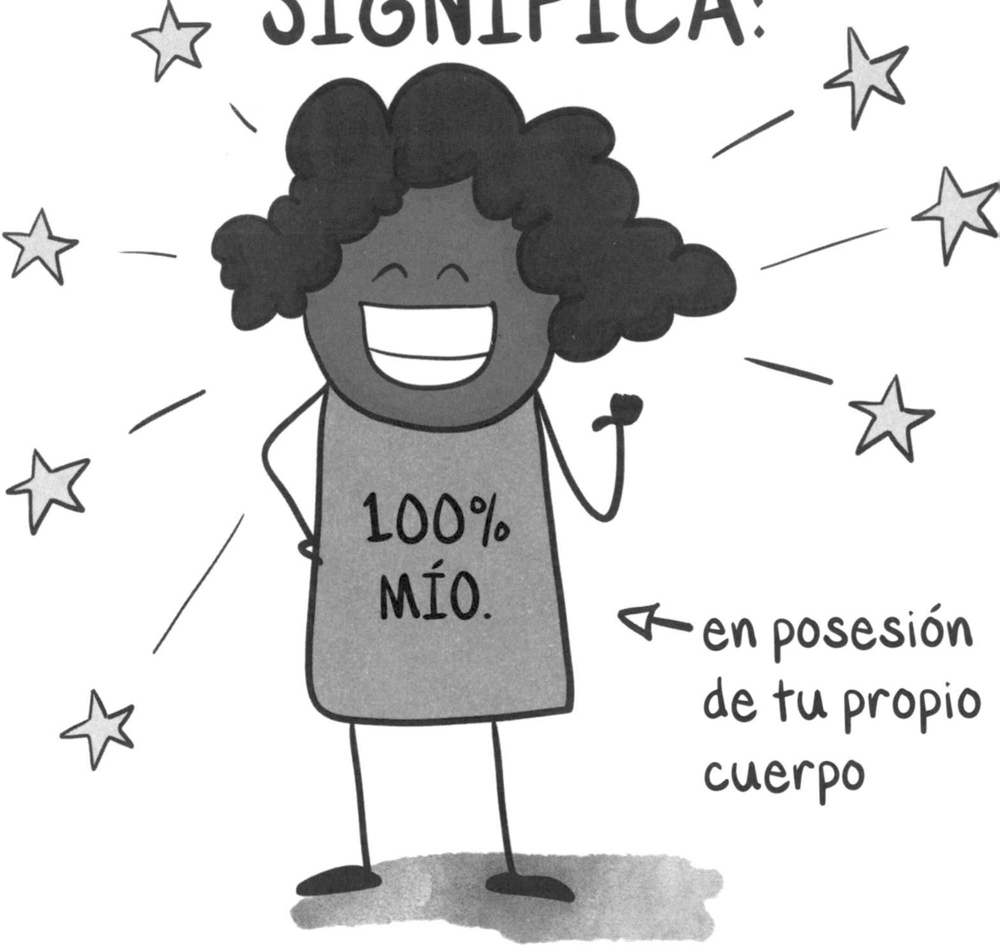
100%
MÍO.
en posesión de tu propio cuerpo

TU CUERPO ES TUYO.

Y COMO GOBERNANTE... TE TOCA A TI PONER TUS PROPIOS LÍMITES

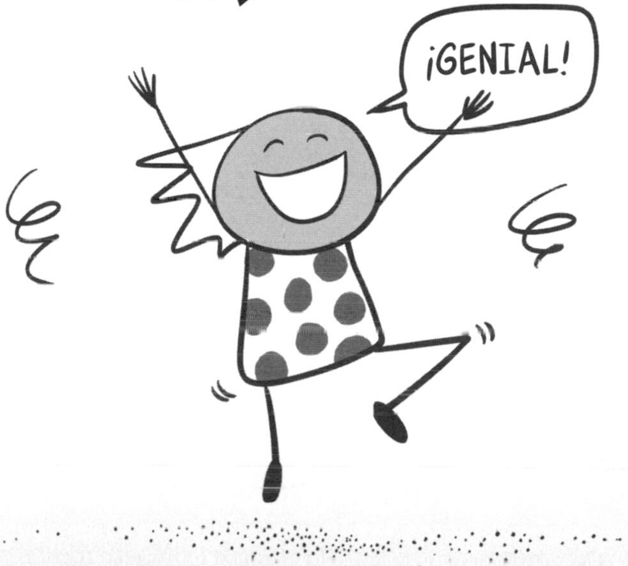
¡GENIAL!

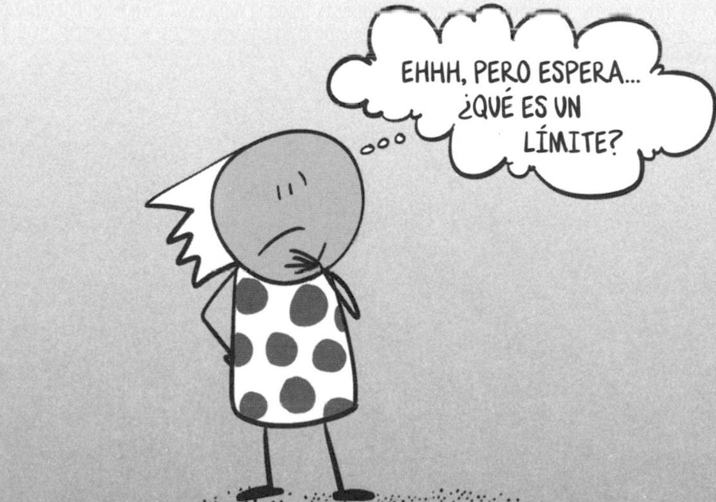
EHHH, PERO ESPERA... ¿QUÉ ES UN LÍMITE?

UN LÍMITE
ES UNA LÍNEA.

TUS LÍMITES SON COMO UNA LÍNEA
ENTRE LO QUE TE HACE SENTIR CÓMODO...

¡TE CAMBIO DE SOMBRERO!

¡SÍ!

¿QUIERES GOMAS DE DULCE?

¡SÍ!

¡VAMOS A MI CASA!

¡OK!

¡VEN, VAMOS A SALTAR!

¡VOY!

Y LO QUE NO TE HACE SENTIR CÓMODO...

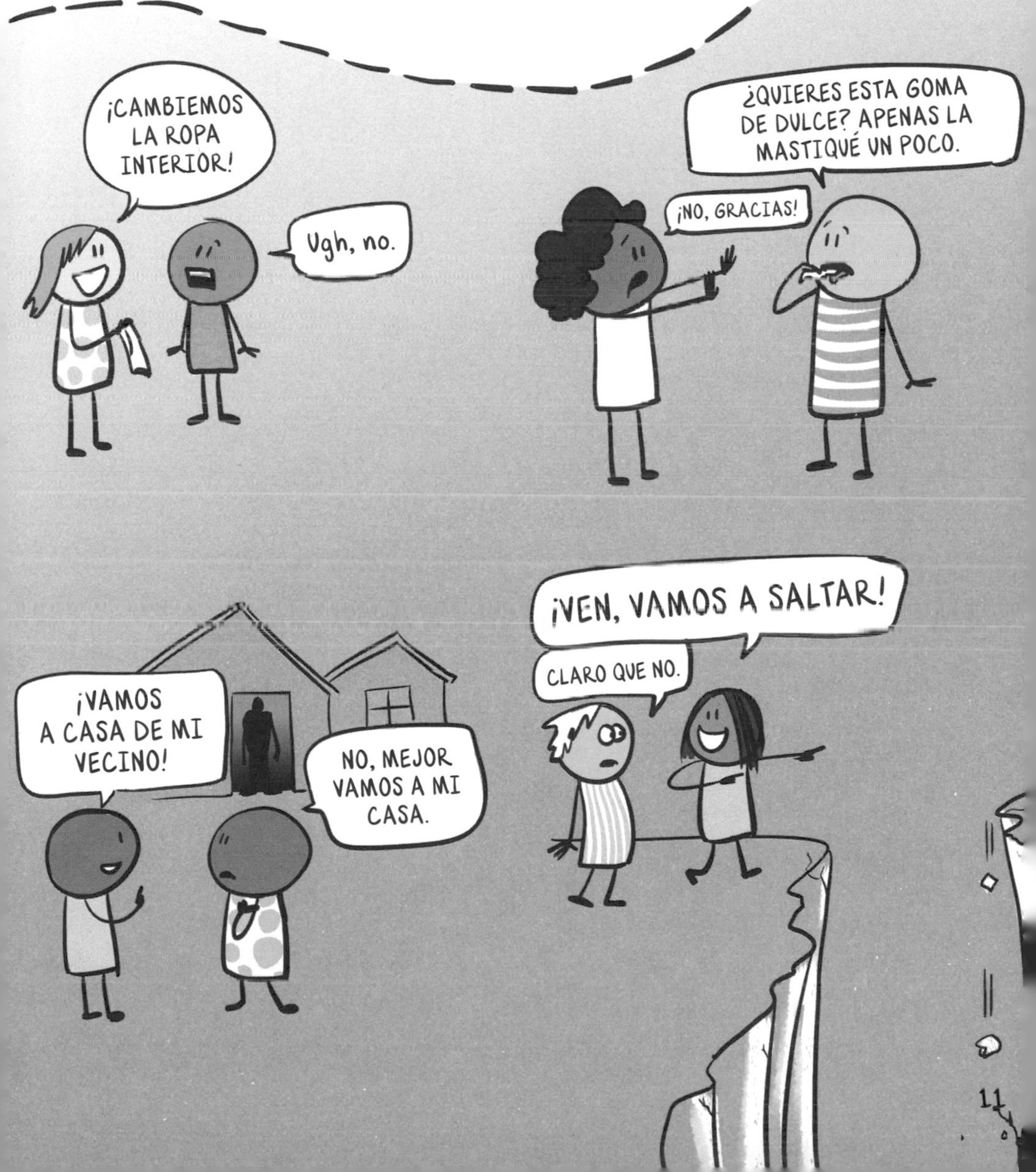
¡CAMBIEMOS LA ROPA INTERIOR!
Ugh, no.
¿QUIERES ESTA GOMA DE DULCE? APENAS LA MASTIQUÉ UN POCO.
¡NO, GRACIAS!
¡VAMOS A CASA DE MI VECINO!
NO, MEJOR VAMOS A MI CASA.
¡VEN, VAMOS A SALTAR!
CLARO QUE NO.

PUEDES TENER DIFERENTES LÍMITES para DIFERENTES PERSONAS

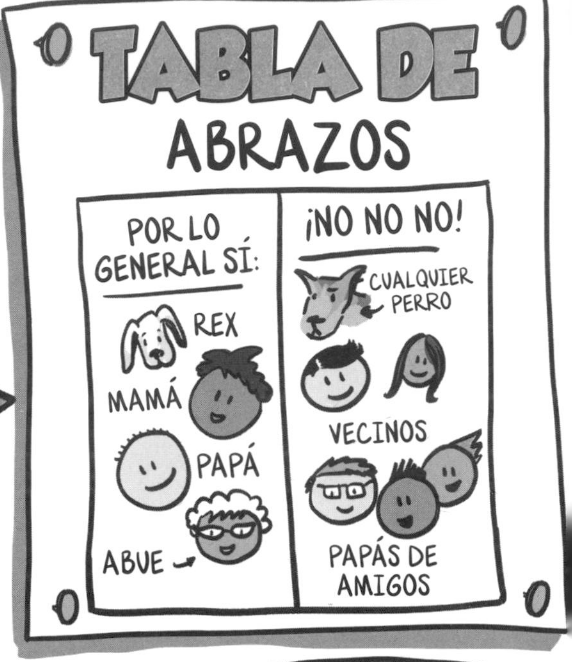

TABLA DE ABRAZOS
POR LO GENERAL SÍ:
REX
MAMÁ
PAPÁ
ABUE
¡NO NO NO!
CUALQUIER PERRO
VECINOS
PAPÁS DE AMIGOS

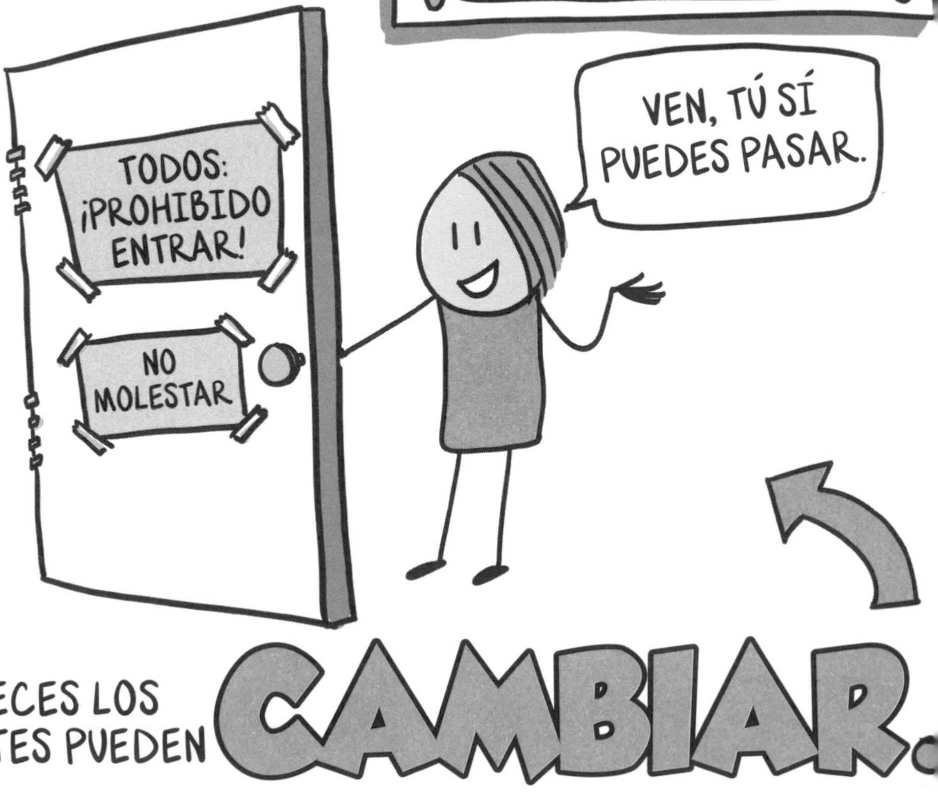

TODOS: ¡PROHIBIDO ENTRAR!
NO MOLESTAR
VEN, TÚ SÍ PUEDES PASAR.

Y A VECES LOS LÍMITES PUEDEN **CAMBIAR.**

HAY MUCHAS FORMAS DISTINTAS DE SALUDAR:

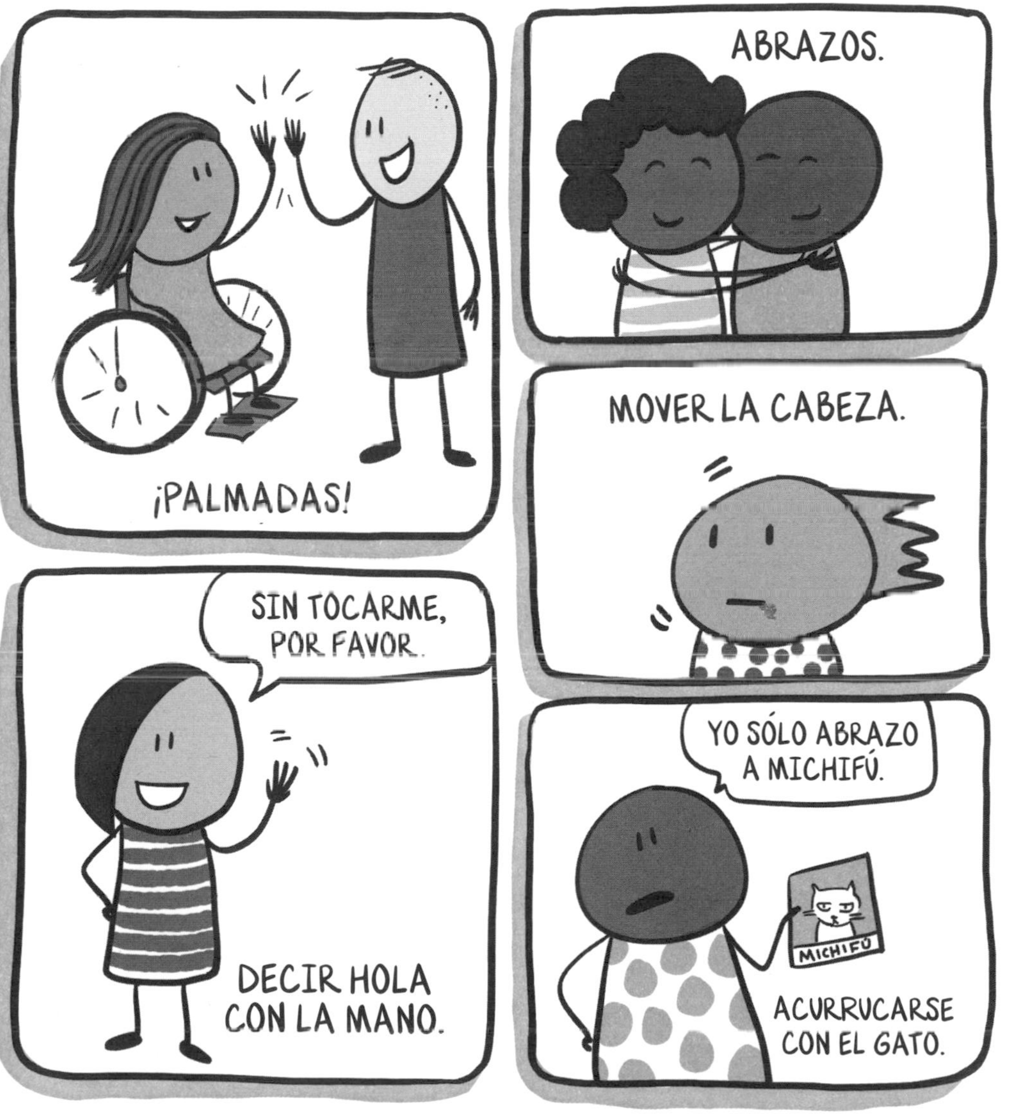
¡PALMADAS!
ABRAZOS.
MOVER LA CABEZA.
SIN TOCARME, POR FAVOR.
DECIR HOLA CON LA MANO.
YO SÓLO ABRAZO A MICHIFÚ.
MICHIFÚ
ACURRUCARSE CON EL GATO.

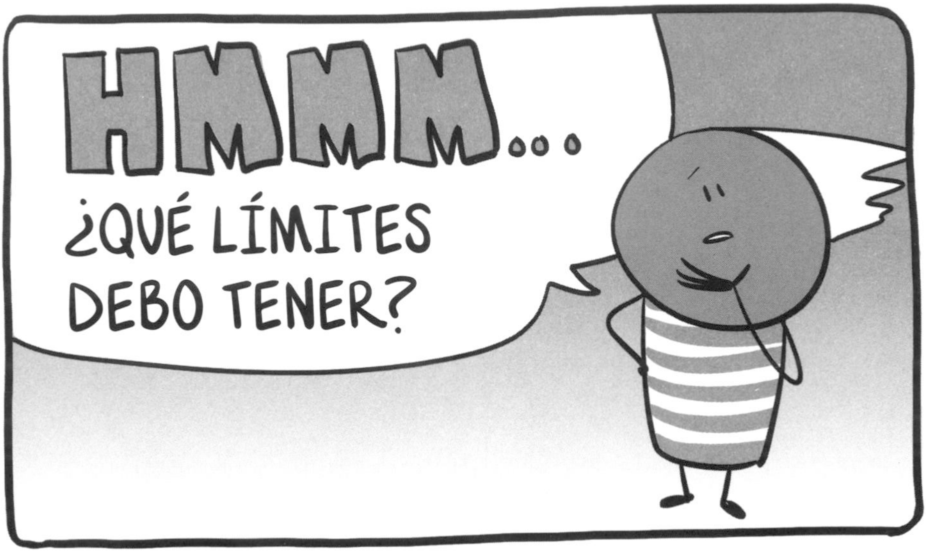
HMMM...
¿QUÉ LÍMITES DEBO TENER?

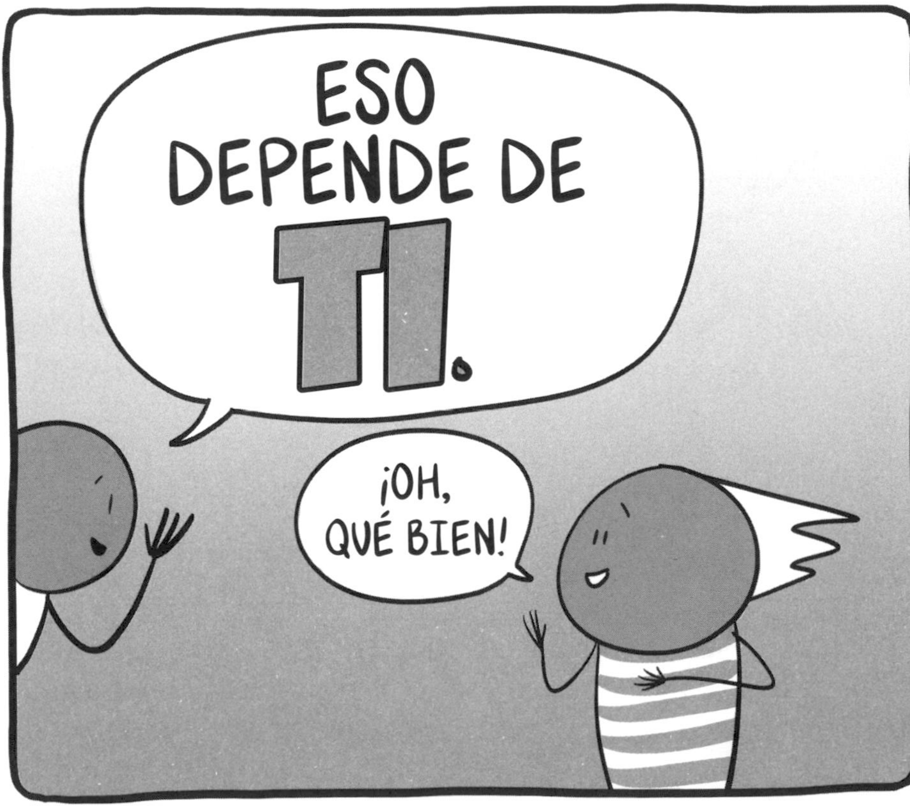
ESO DEPENDE DE TI.
¡OH, QUÉ BIEN!

AUTONOMÍA CORPORAL significa

¡ME GUSTA! ¡PERO SON PALABRAS MUY LARGAS!

PODER DECIDIR QUÉ HACES CON TU CUERPO.

ENTONCES, CUANDO LA TÍA GLADIS DICE:

¡VEN A QUE TE PELLIZQUE Y BESUQUEE ESAS MEJILLAS!

ADIVINA QUÉ...

ESO LO DECIDES TÚ.

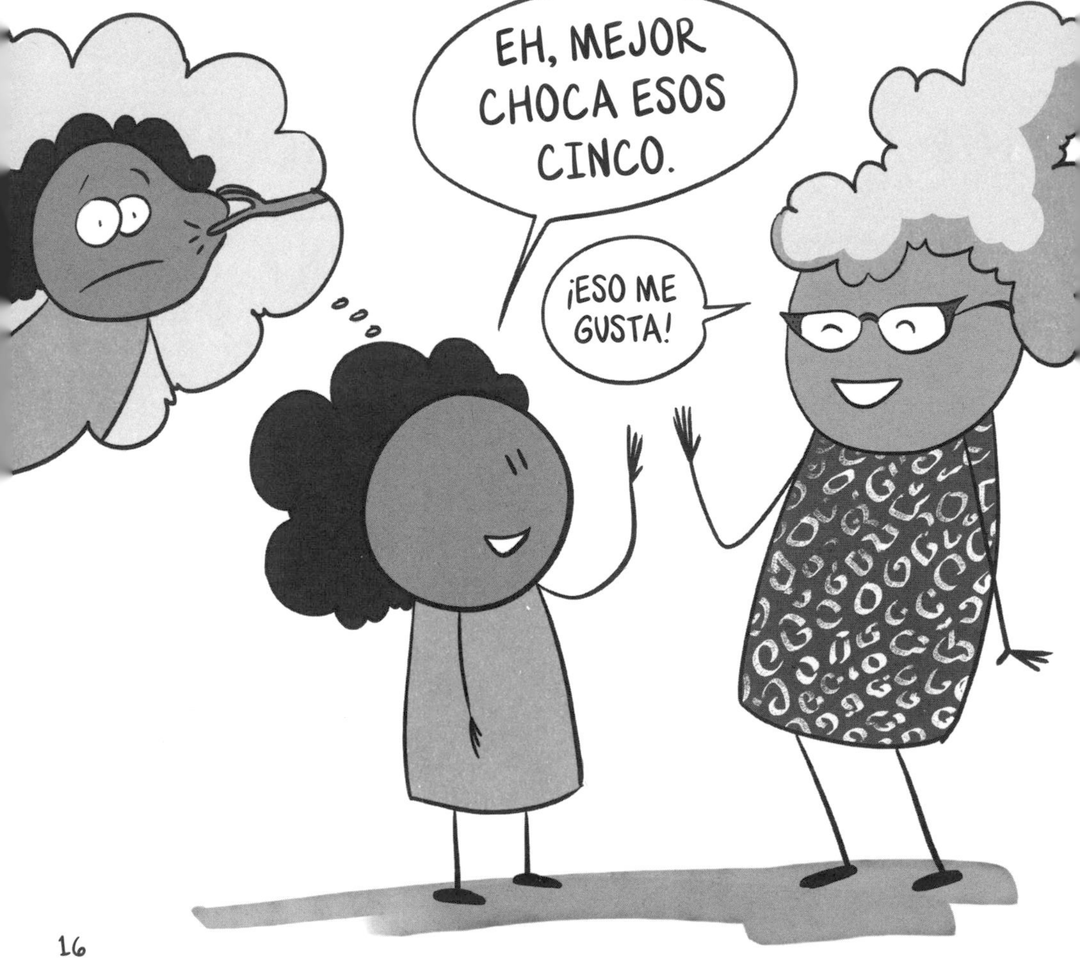
EH, MEJOR CHOCA ESOS CINCO.
¡ESO ME GUSTA!

CLARO QUE...

A VECES HACEMOS COSAS PARA ESTAR A SALVO O PARA QUE OTROS ESTÉN A SALVO Y NO NOS TOCA DECIDIR.

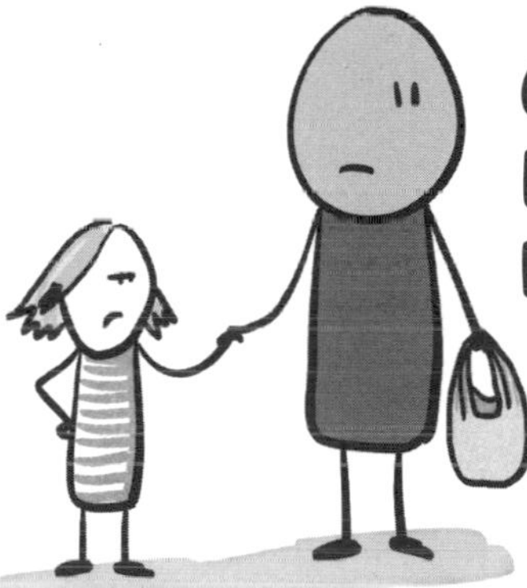

COMO DARSE LA MANO EN LA CALLE.

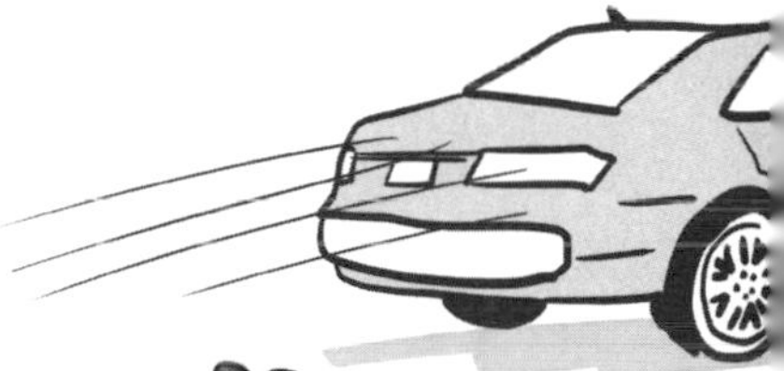

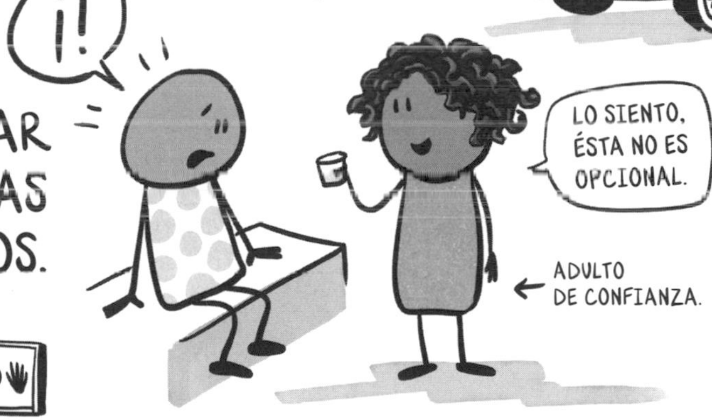
¡!
LO SIENTO, ÉSTA NO ES OPCIONAL.
ADULTO DE CONFIANZA.

O TOMAR MEDICINAS PARA CURARNOS.

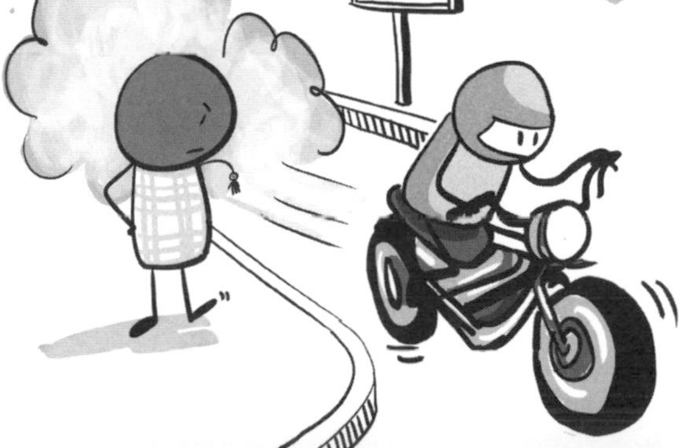
ALTO

O ESPERAR LA LUZ VERDE PARA CRUZAR LA CALLE.

DE TODAS FORMAS PUEDES DAR TU OPINIÓN.

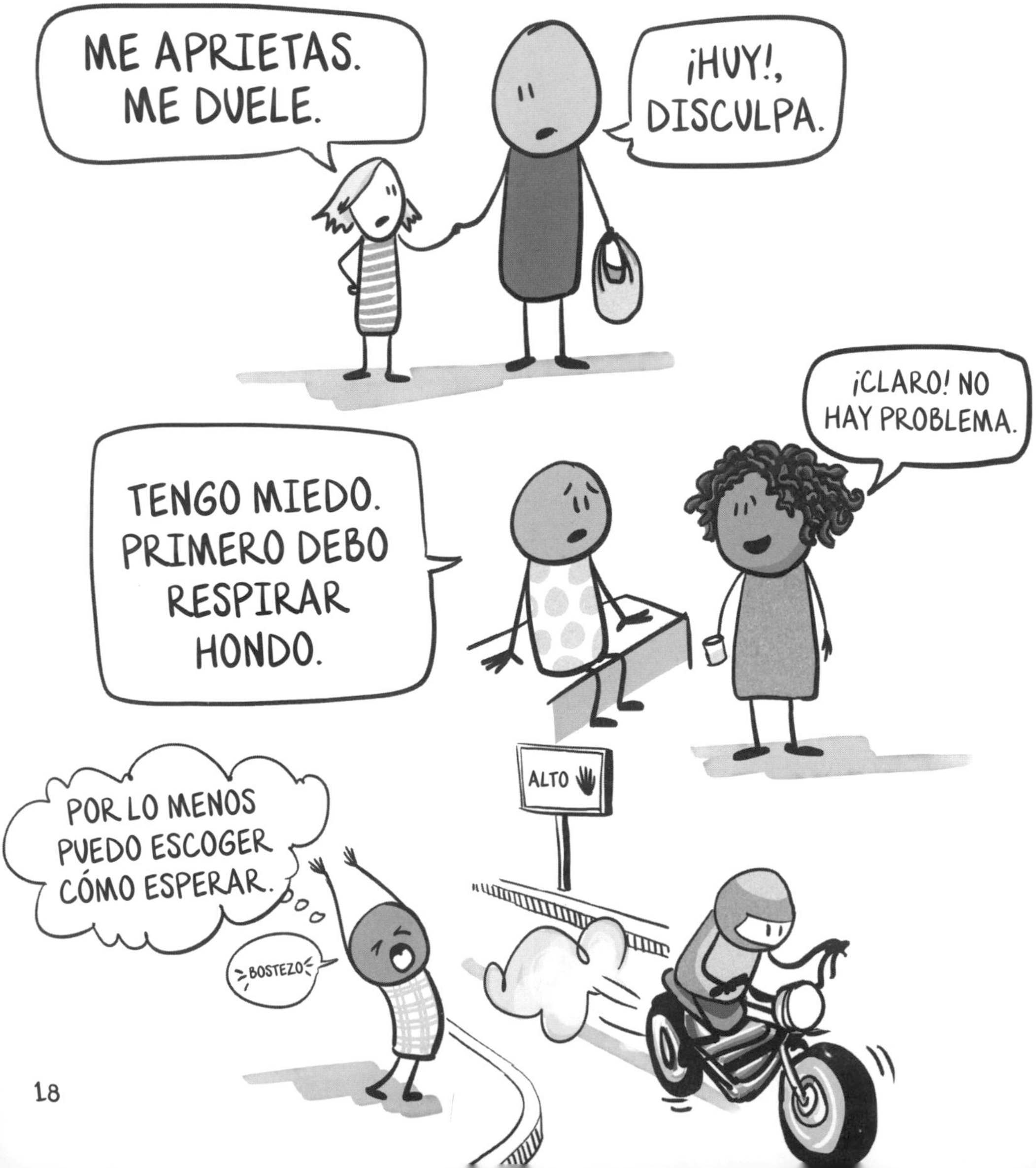
ME APRIETAS. ME DUELE.
¡HUY!, DISCULPA.
TENGO MIEDO. PRIMERO DEBO RESPIRAR HONDO.
¡CLARO! NO HAY PROBLEMA.
ALTO
POR LO MENOS PUEDO ESCOGER CÓMO ESPERAR.
BOSTEZO

capítulo 2 CONFÍA EN TUS INSTINTOS

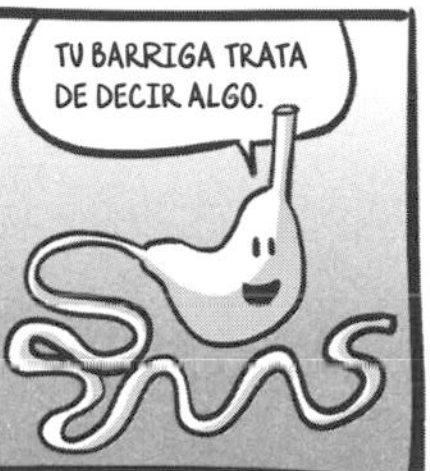
TU BARRIGA TRATA DE DECIR ALGO.

LA "BARRIGA" O INSTINTO TE AYUDA A SABER QUÉ COSAS TE HACEN SENTIR CÓMODA:

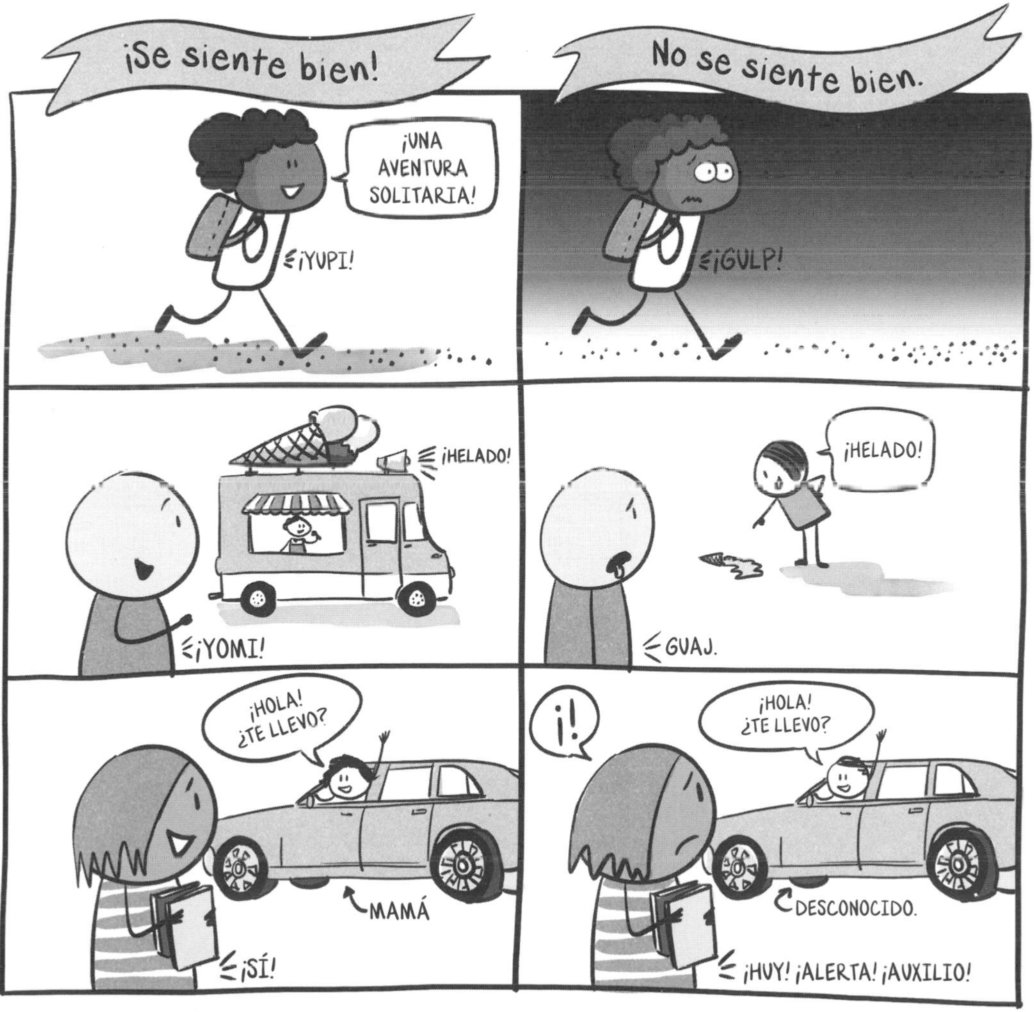
¡Se siente bien!
No se siente bien.
¡UNA AVENTURA SOLITARIA!
¡YUPI!
¡GULP!
¡HELADO!
¡YOMI!
¡HELADO!
GUAJ.
¡HOLA! ¿TE LLEVO?
MAMÁ
¡SÍ!
¡!
¡HOLA! ¿TE LLEVO?
DESCONOCIDO.
¡HUY! ¡ALERTA! ¡AUXILIO!

Y SI TU INSTINTO DECIDE QUE LAS ATENCIONES DE ALGUIEN TE HACEN SENTIR

un poco de cosa

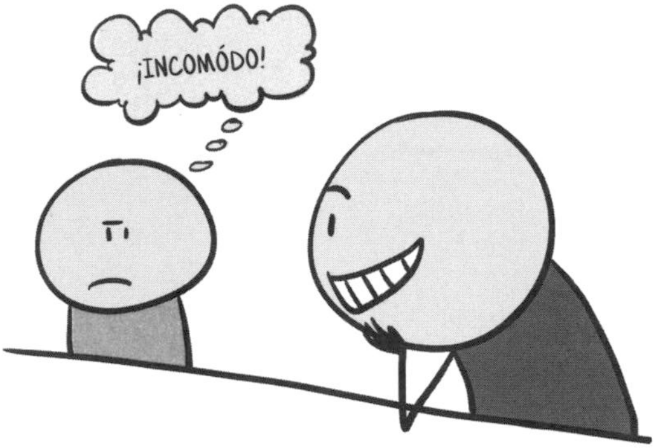
¡INCOMÓDO!

o MUCHA cosa

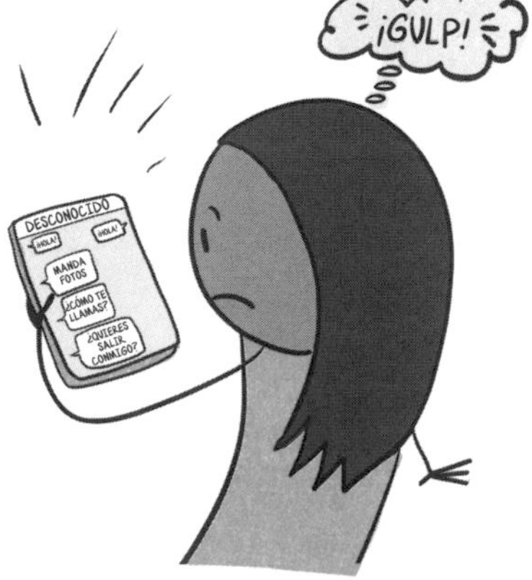
¡GULP!
DESCONOCIDO
¡HOLA!
¡HOLA!
MANDA FOTOS
¿CÓMO TE LLAMAS?
¿QUIERES SALIR CONMIGO?

ESTÁ BIEN RECHAZAR SUS ATENCIONES Y DECIR NO.

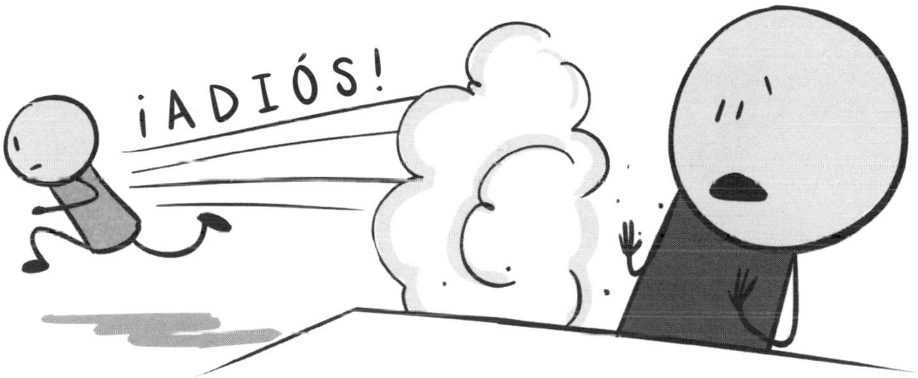
¡ADIÓS!

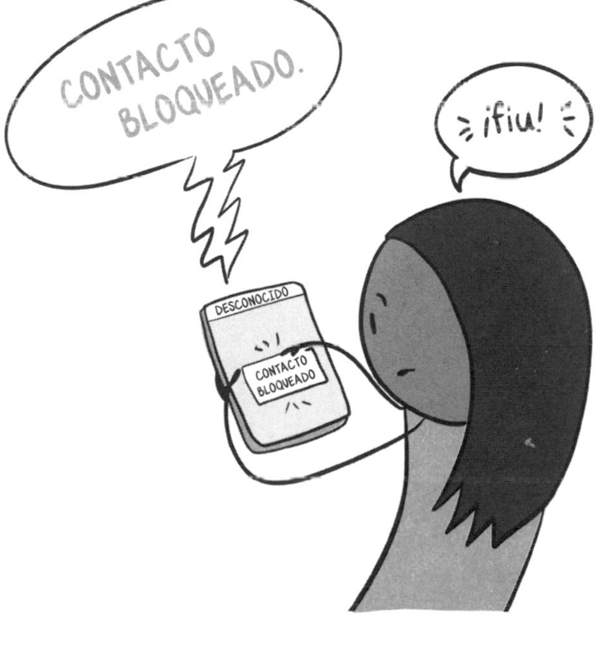
CONTACTO BLOQUEADO.
¡fiu!
DESCONOCIDO
CONTACTO BLOQUEADO

Y SI ALGO TE DA COSA ES BUENO QUE LE DIGAS A:

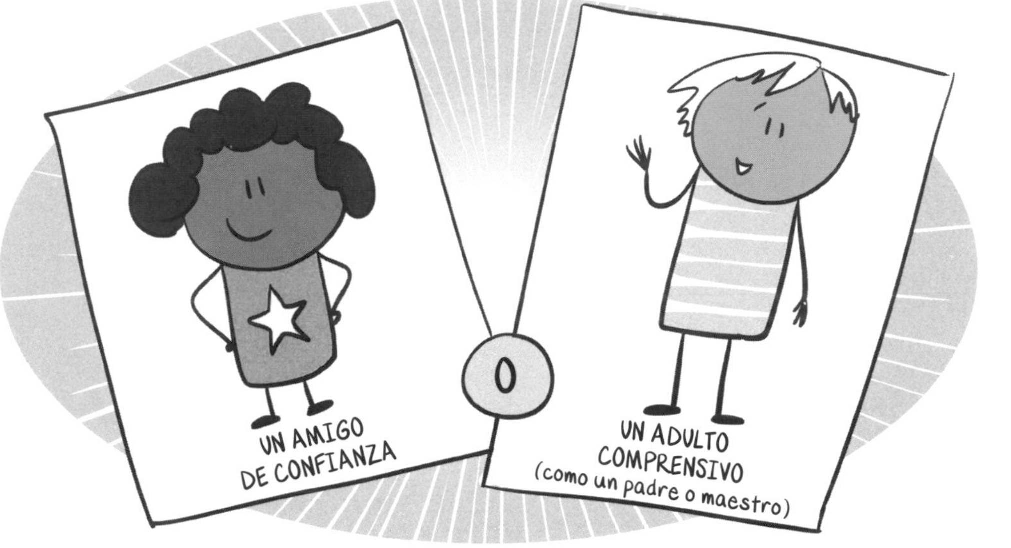
UN AMIGO DE CONFIANZA
O
UN ADULTO COMPRENSIVO (como un padre o maestro)

PERO NO A CUALQUIERA. ESCOGE A ALGUIEN AMABLE QUE SÍ PUEDA AYUDARTE.

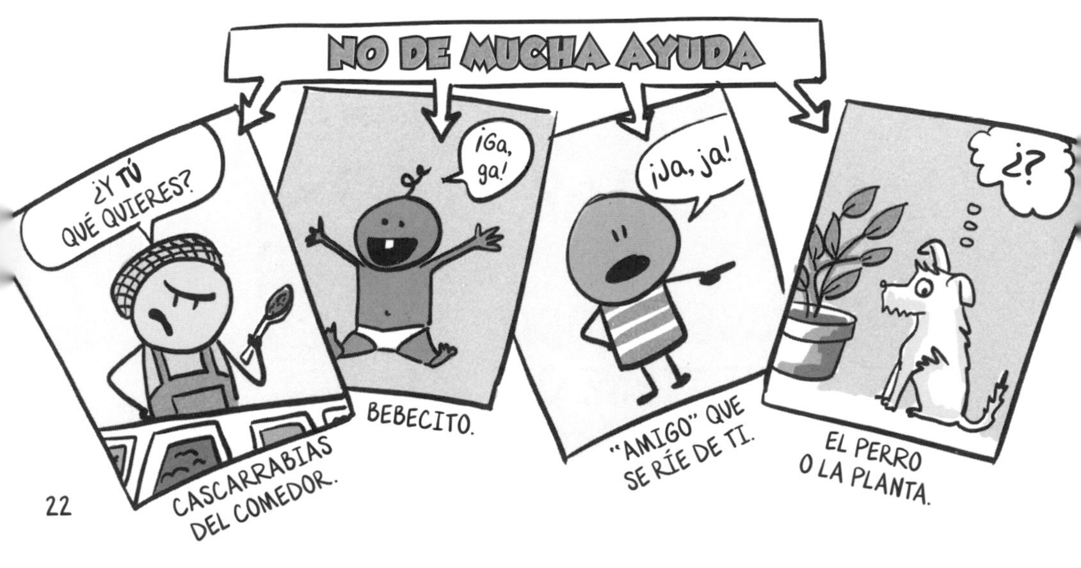
NO DE MUCHA AYUDA
¿Y **TÚ** QUÉ QUIERES?
CASCARRABIAS DEL COMEDOR.
¡Ga, ga!
BEBECITO.
¡Ja, ja!
"AMIGO" QUE SE RÍE DE TI.
¿?
EL PERRO O LA PLANTA.

CAPÍTULO 3 DAR Y OBTENER CONSENTIMIENTO

PREGUNTA Y HABLA.

TODOS TENEMOS DIFERENTES LÍMITES,
ASÍ QUE ES IMPORTANTE AVERIGUAR A QUÉ COSAS LE DA SU CONSENTIMIENTO CADA QUIEN.

¿ESTÁS DE HUMOR PARA UN ABRAZO?

NOP.

CONSENTIR SIGNIFICA ACEPTAR ALGO.

SOBRE TODO SI TIENE QUE VER CON NUESTRO CUERPO.

SUPÓN QUE AYUDAS A ALGUIEN A CRUZAR LA CALLE.

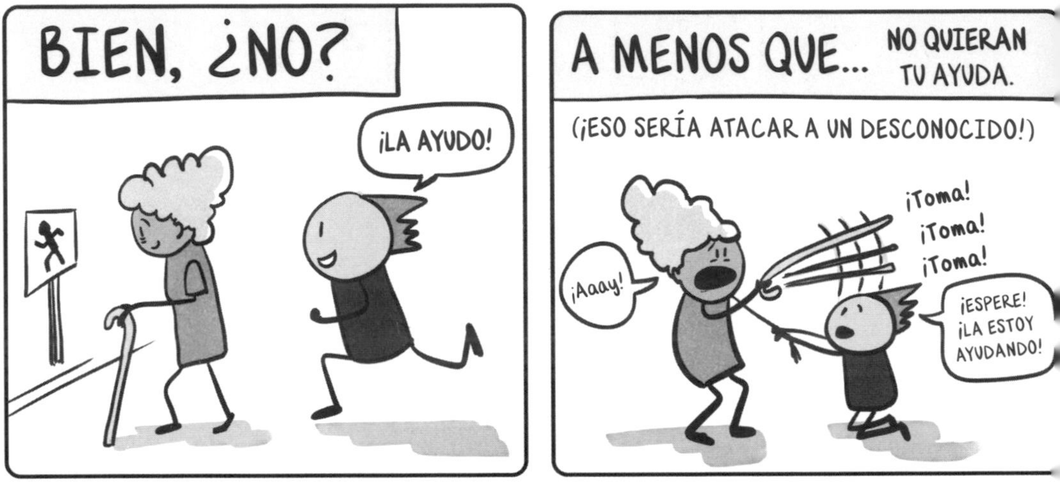

BIEN, ¿NO?
¡LA AYUDO!
A MENOS QUE... NO QUIERAN TU AYUDA.
(¡ESO SERÍA ATACAR A UN DESCONOCIDO!)
¡Aaay!
¡Toma!
¡Toma!
¡Toma!
¡ESPERE! ¡LA ESTOY AYUDANDO!

LA OTRA PERSONA TIENE QUE CONSENTIR.

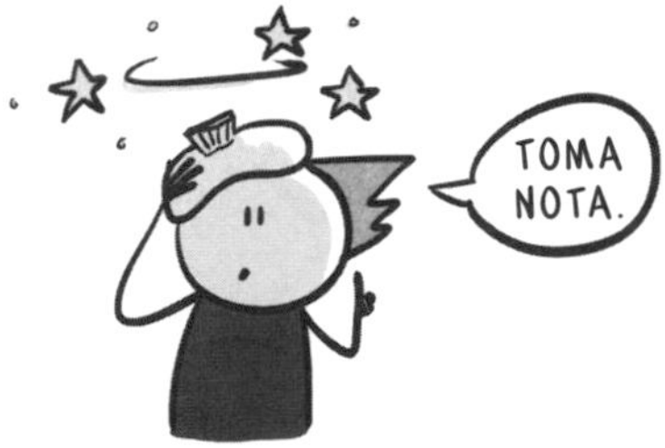

TOMA NOTA.

¿QUÉ ME DICES DE LOS PELLIZCOS?

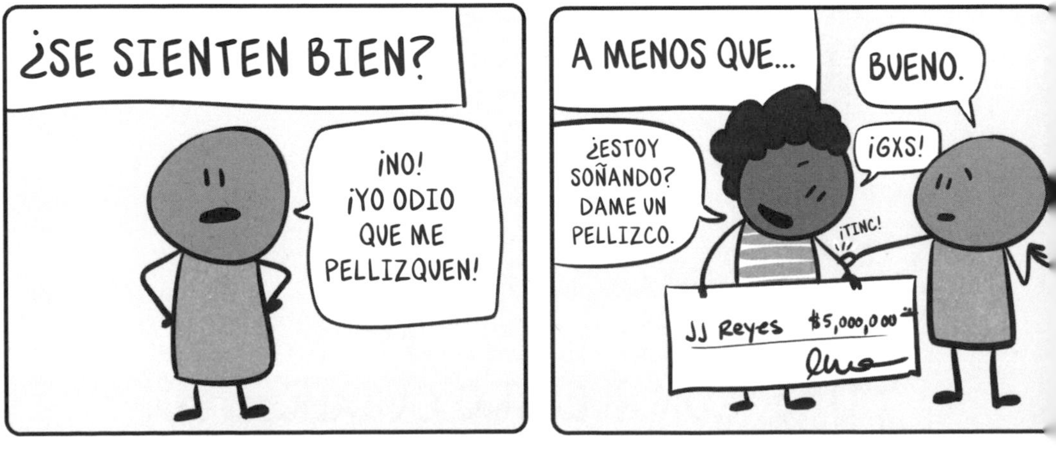

¿SE SIENTEN BIEN?
¡NO! ¡YO ODIO QUE ME PELLIZQUEN!
A MENOS QUE...
BUENO.
¿ESTOY SOÑANDO? DAME UN PELLIZCO.
¡GXS!
¡TINC!
JJ Reyes $5,000,000

EL CONSENTIMIENTO TIENE 2 PARTES.

1. PRACTICA DECIRLE A LA GENTE QUÉ QUIERES Y SIENTES:

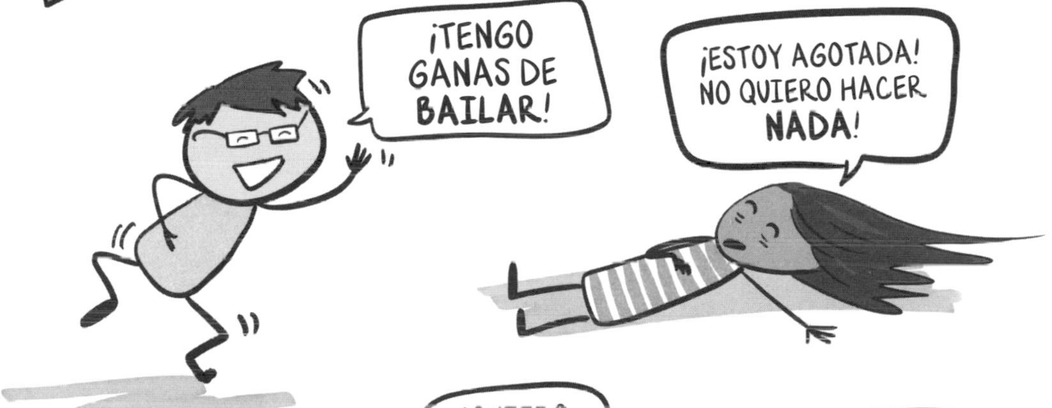
¡TENGO GANAS DE BAILAR!
¡ESTOY AGOTADA! NO QUIERO HACER NADA!

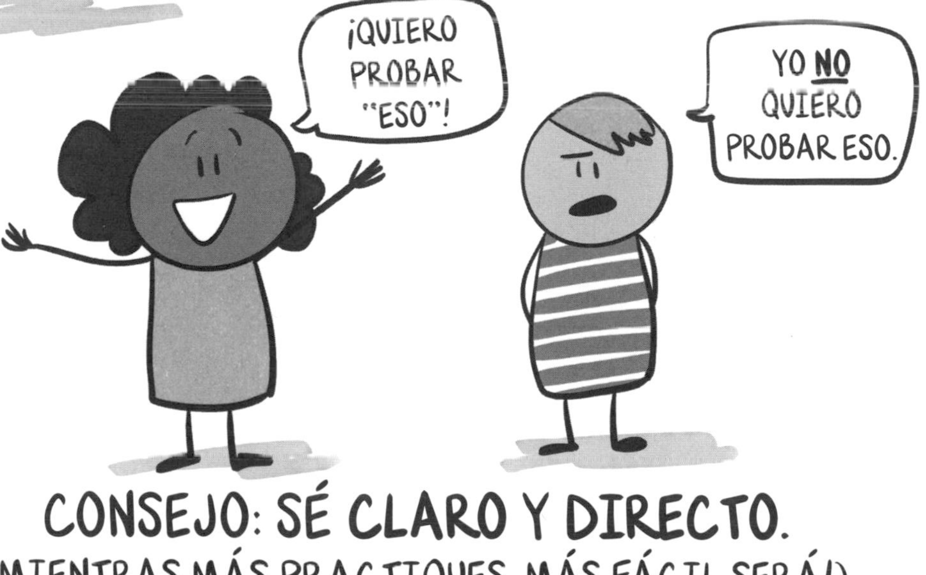
¡QUIERO PROBAR "ESO"!
YO NO QUIERO PROBAR ESO.

CONSEJO: SÉ CLARO Y DIRECTO.
(¡MIENTRAS MÁS PRACTIQUES, MÁS FÁCIL SERÁ!)

2. PRACTICA ESCUCHAR A LOS DEMÁS.

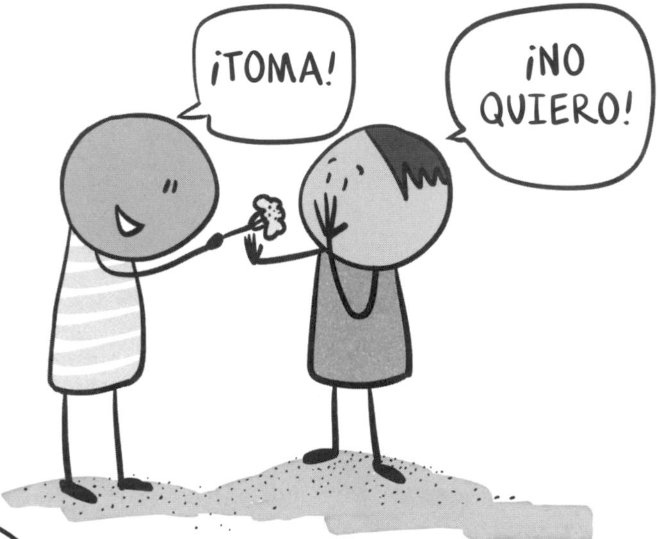
¡TOMA!
¡NO QUIERO!

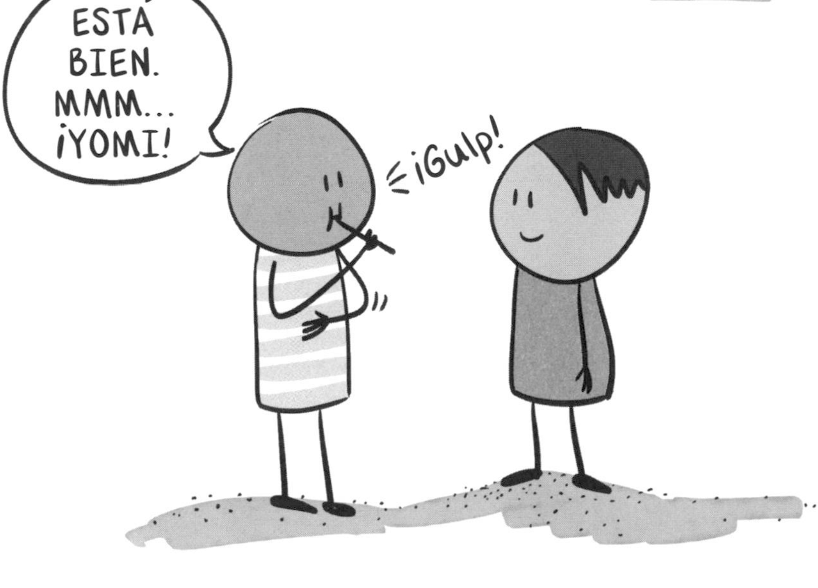
ESTÁ BIEN. MMM... ¡YOMI!
¡Gulp!

PORQUE ALGO QUE PARA TI
NO ES NADA DEL OTRO MUNDO...

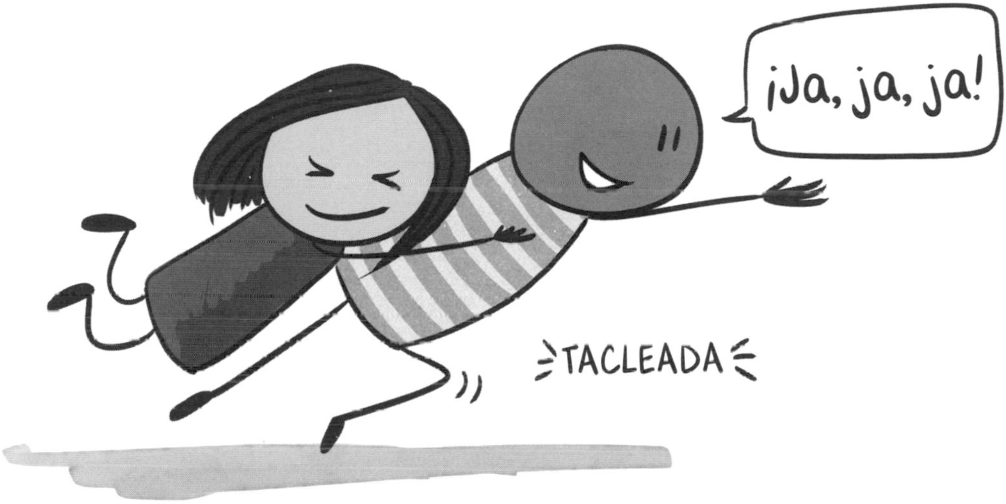
¡Ja, ja, ja!
TACLEADA

PARA ALGUIEN MÁS PUEDE SER
MUY DESAGRADABLE.

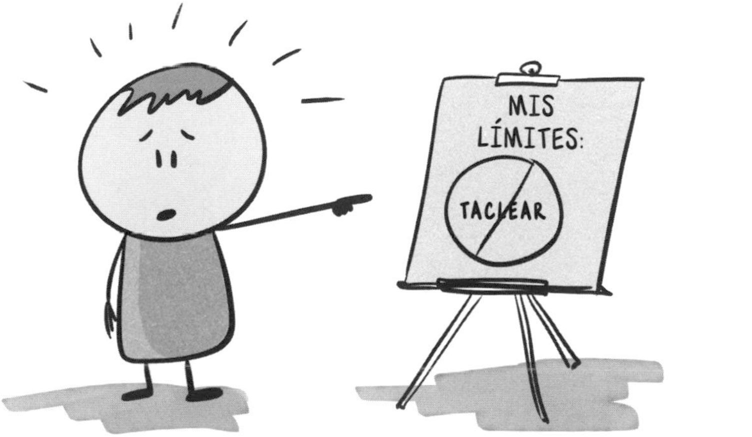
MIS
LÍMITES:
TACLEAR

¿CÓMO SABER SI ALGUIEN DA SU CONSENTIMIENTO?

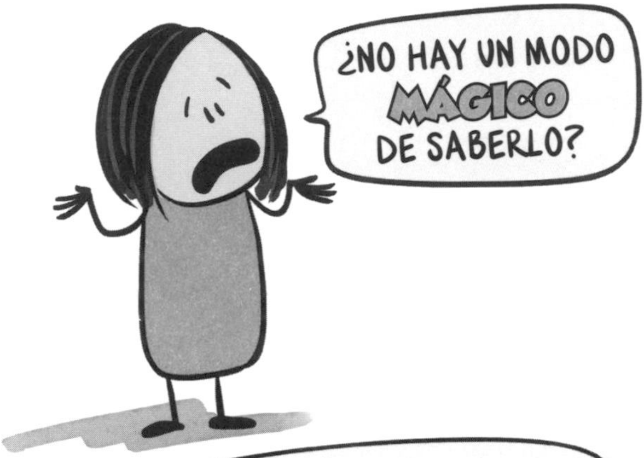
¿NO HAY UN MODO MÁGICO DE SABERLO?

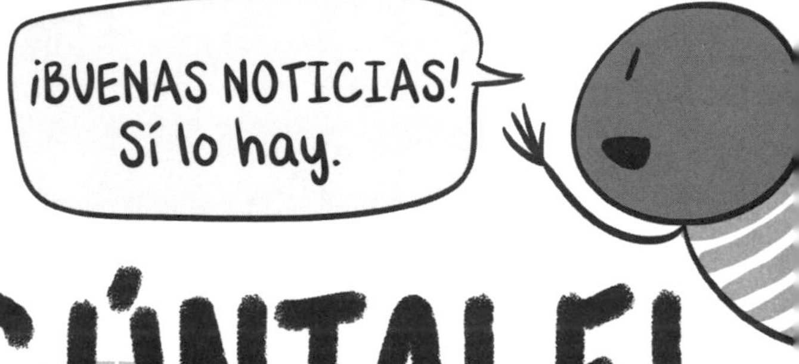
¡BUENAS NOTICIAS! Sí lo hay.

¡PREGÚNTALE!

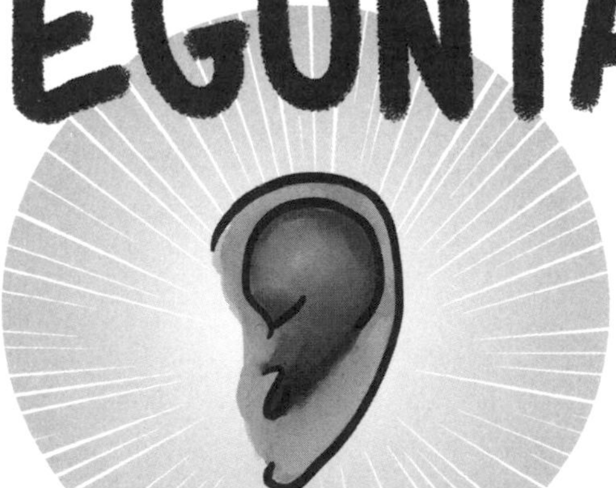

(Y ESCUCHA LA RESPUESTA.)

A VECES LA RESPUESTA ES MUY CLARA

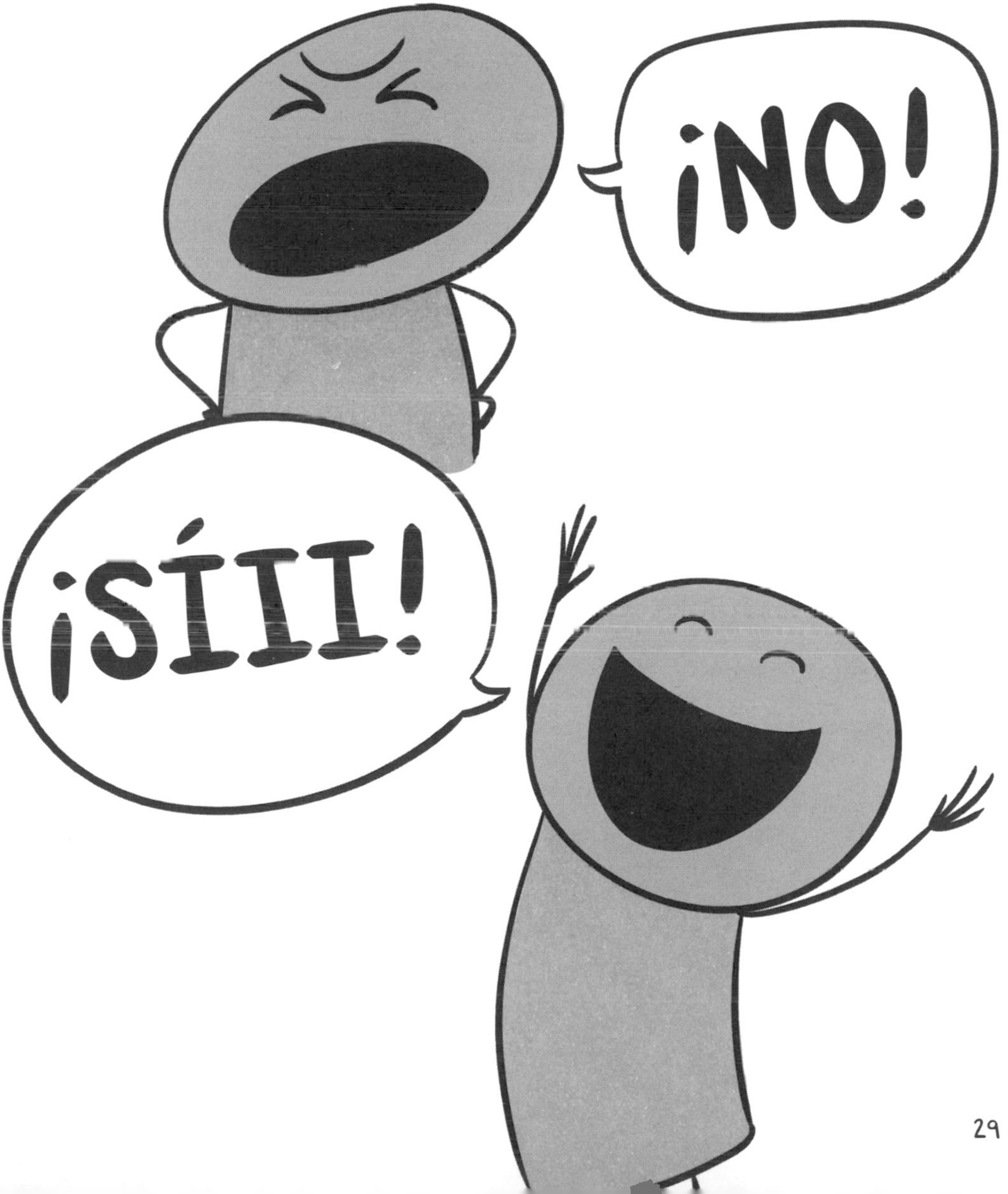
¡NO!
¡SÍII!

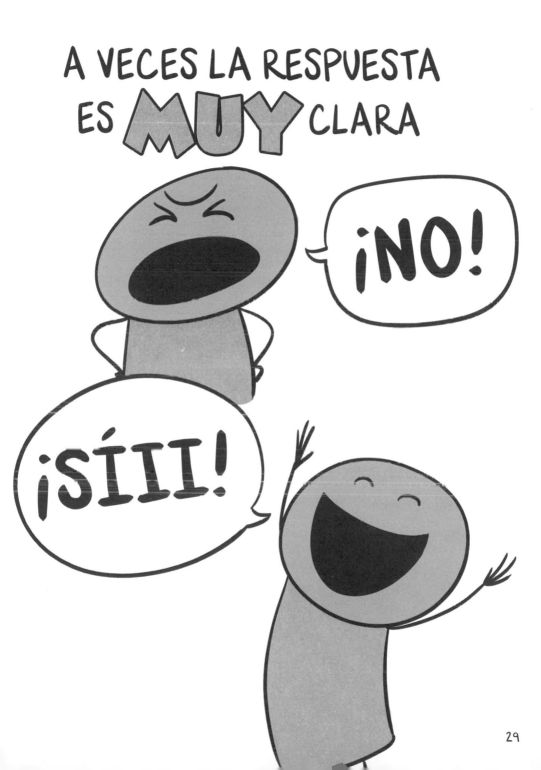

Y OTRAS VECES **NO** ES TAN DIRECTA

DICE "SÍ" PERO SE VE ASUSTADO

SE PARALIZA

SE ENCOGE DE HOMBROS

CAMBIA DE TEMA

¿ESTÁ CLARO QUE DAN SU **CONSENTIMIENTO**?

NO.

Y CUANDO UNA PERSONA USA SU

PODER

PARA CONSEGUIR QUE OTRO ACEPTE HACER ALGO...

¡DAME ESE QUESO!
TOMA. NO ME LASTIMES.

ESO TAMPOCO ES CONSENTIMIENTO.

¿LA MANERA EN LA QUE VISTE UNA PERSONA TE DICE SI DA SU CONSENTIMIENTO PARA ALGO?

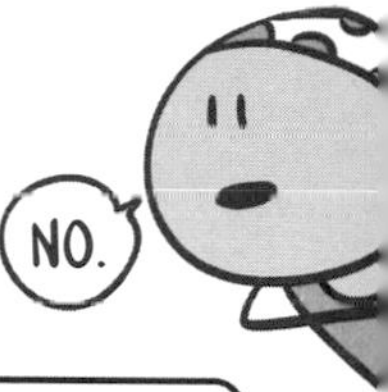
NO.

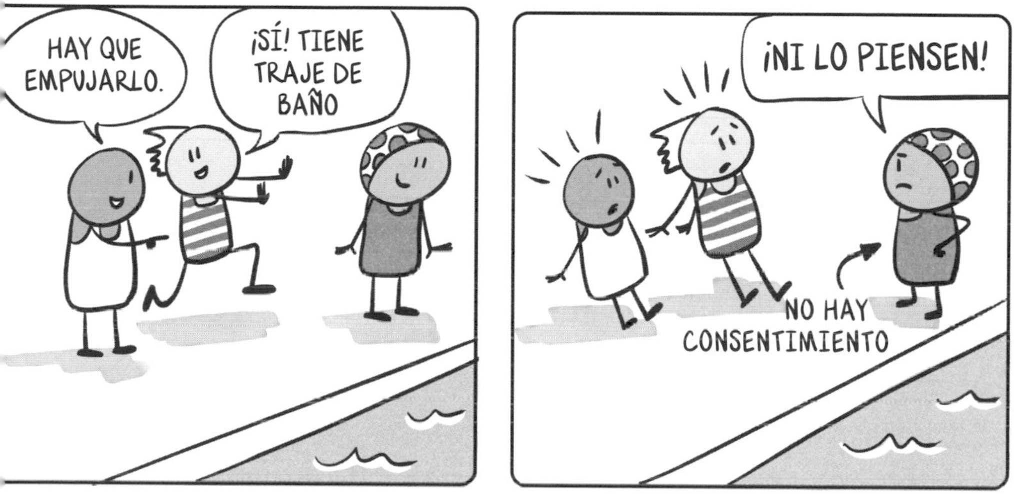
HAY QUE EMPUJARLO.
¡SÍ! TIENE TRAJE DE BAÑO
¡NI LO PIENSEN!
NO HAY CONSENTIMIENTO

NO SUPONGAS QUE SABES POR QUÉ ALGUIEN SE VISTIÓ DE CIERTO MODO.

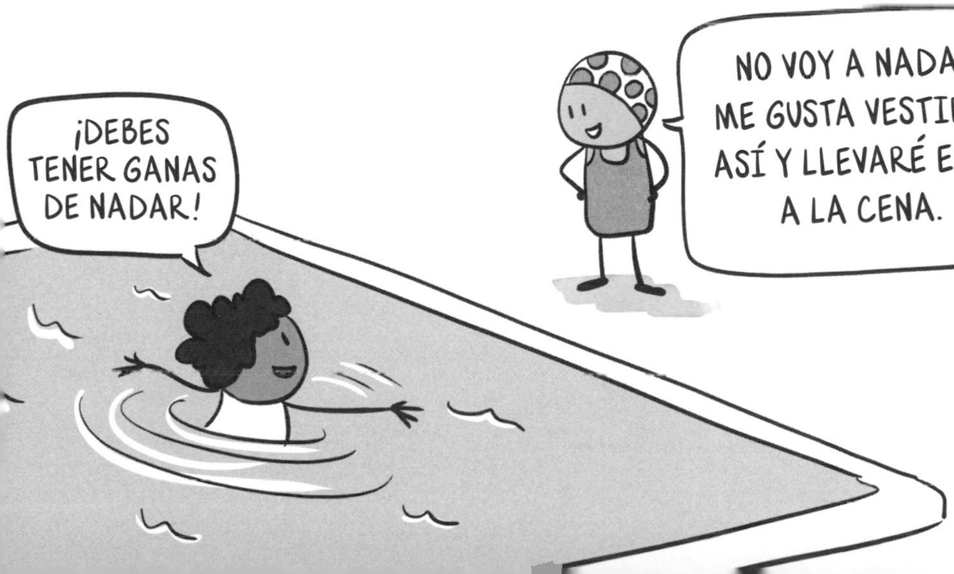
¡DEBES TENER GANAS DE NADAR!
NO VOY A NADAR ME GUSTA VESTIRME ASÍ Y LLEVARÉ ESTO A LA CENA.

LA GENTE TIENE SUS RAZONES PARA VESTIRSE COMO LO HACE.

TIENE
FRÍO.

NO QUIERE
QUE LA
RECONOZCAN.

LLEVA
A SU PERRO
ESCONDIDO.

LA ROPA
NO INDICA **CONSENTIMIENTO**.

¡PUES NO!
¡OBVIO!

ASÍ QUE ESCUCHA Y BUSCA UN **CONSENTIMIENTO CLARO,**

SOBRE TODO SI TIENE QUE VER CON EL CUERPO DE LA OTRA PERSONA.

Y SI TIENES DUDAS, SIGNIFICA QUE **NO**.

¡ÚLTIMA HORA!

LA GENTE PUEDE TRASPASAR TUS LÍMITES SIN QUERER.

¡ABRÁZAME!
¡Oh, oh!
ABRAZOS NO

ABRAZOS NO.
AHHH. OK.

ASEGÚRATE DE DECIRLO PARA QUE TODOS SEPAN CUÁLES SON TUS LÍMITES.

LAS COSQUILLAS

UN MINI CÓMIC

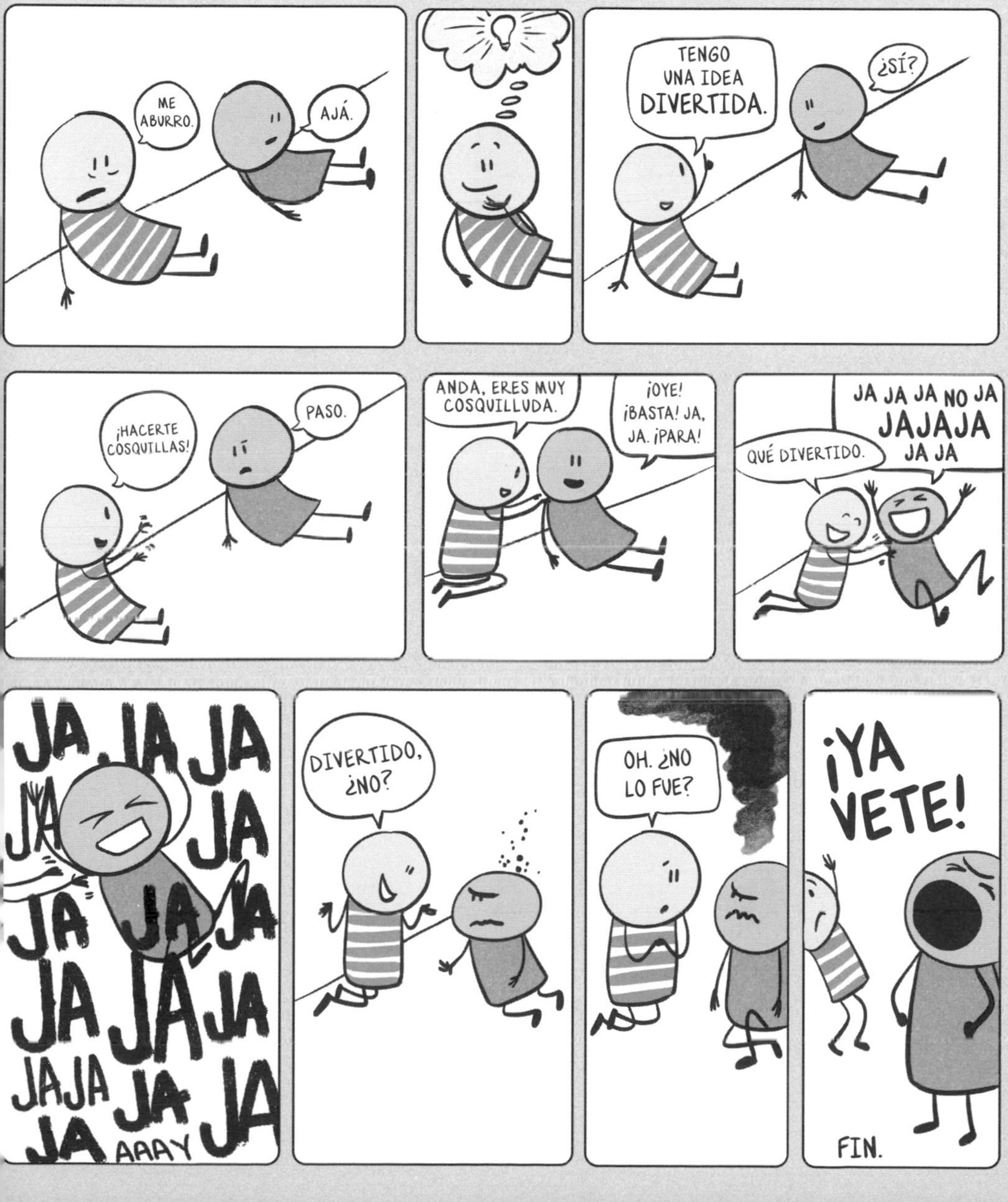
ME ABURRO.
AJÁ.
TENGO UNA IDEA DIVERTIDA.
¿SÍ?
¡HACERTE COSQUILLAS!
PASO.
ANDA, ERES MUY COSQUILLUDA.
¡OYE! ¡BASTA! JA, JA. ¡PARA!
QUÉ DIVERTIDO.
JA JA JA NO JA JAJAJA JA JA
JA JA JA JA JA JA JA JA JA JA JA JA JAJA JA JA JA JA AAAY
DIVERTIDO, ¿NO?
OH. ¿NO LO FUE?
¡YA VETE!
FIN.

LAS COSQUILLAS TOMA 2

EN UN UNIVERSO PARALELO...

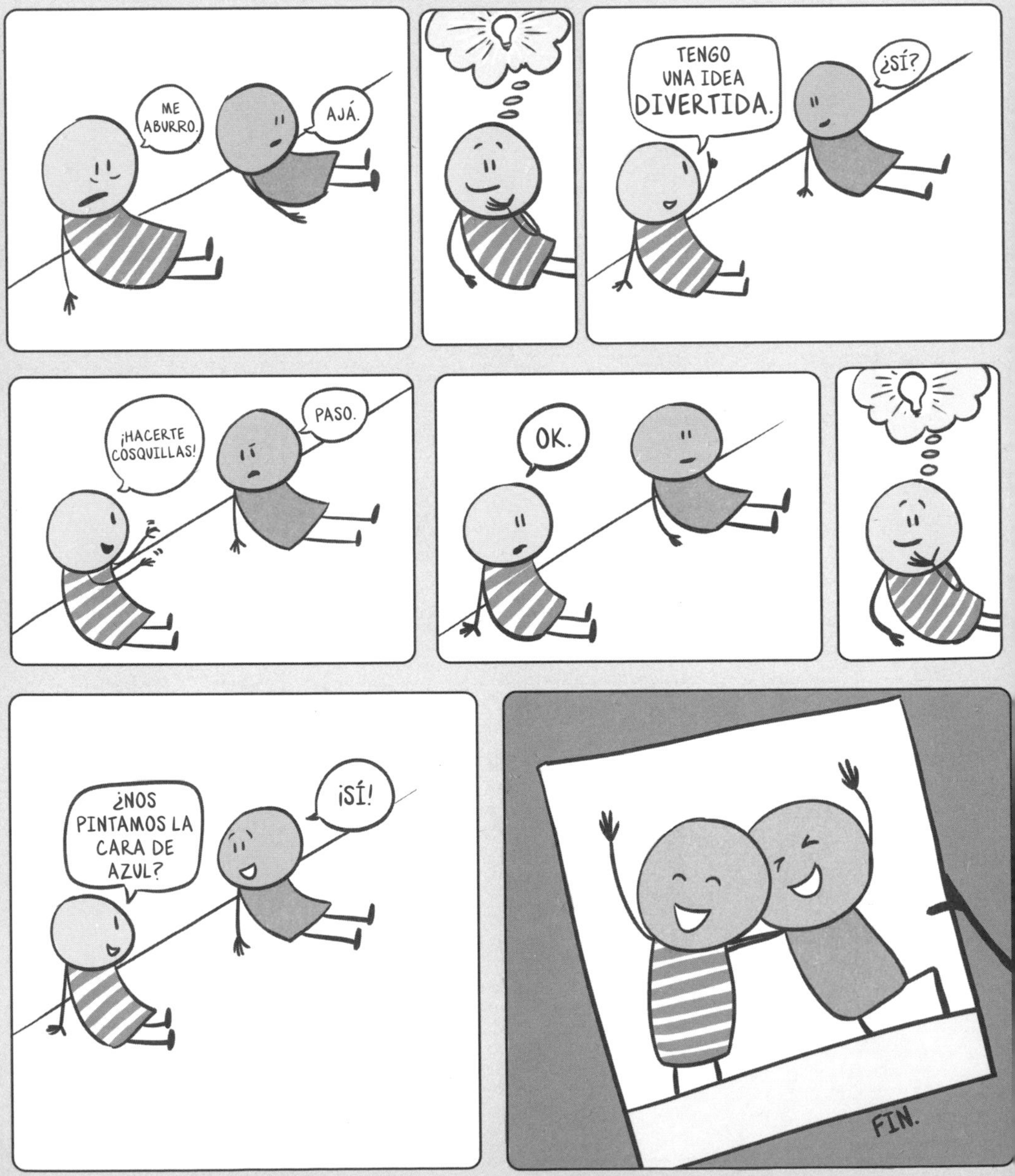

ME ABURRO.
AJÁ.
TENGO UNA IDEA DIVERTIDA.
¿SÍ?
¡HACERTE COSQUILLAS!
PASO.
OK.
¿NOS PINTAMOS LA CARA DE AZUL?
¡SÍ!
FIN.

capítulo 4 GRACIAS pero MEJOR NO

¡SE VALE CAMBIAR DE OPINIÓN!

SI PUSISTE UN LÍMITE QUE YA NO TE GUSTÓ TANTO...

¡NO TEMAS!

SE VALE CAMBIAR DE OPINIÓN.

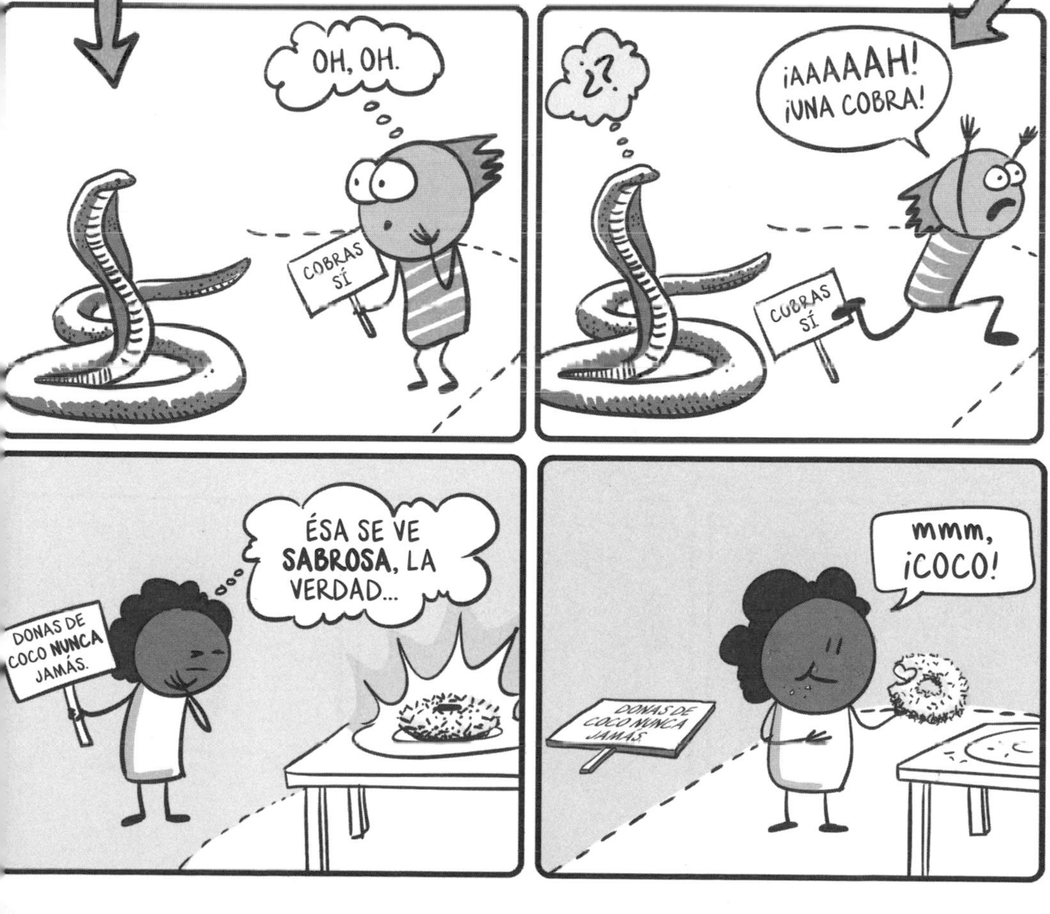
OH, OH.
COBRAS SÍ
¿?
¡AAAAAH! ¡UNA COBRA!
COBRAS SÍ
ÉSA SE VE **SABROSA**, LA VERDAD...
DONAS DE COCO **NUNCA** JAMÁS.
mmm, ¡COCO!
DONAS DE COCO NUNCA JAMÁS.

IMAGINA QUE CONOCES A UN LINDO MARCIANO.

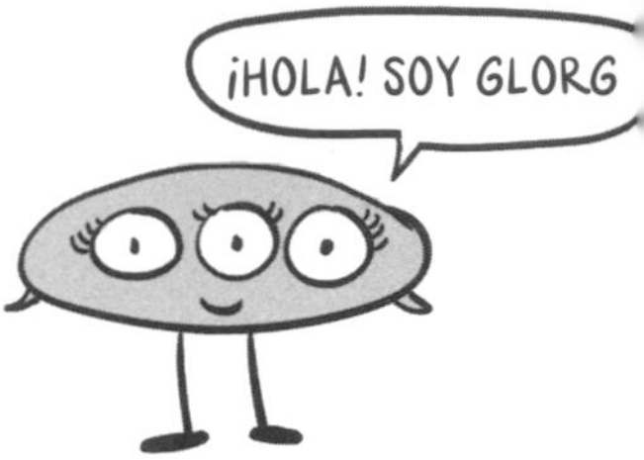
¡HOLA! SOY GLORG

GLORG QUIERE UN ABRAZO PARA CELEBRAR LA PAZ Y LA AMISTAD INTERGALÁCTICA:

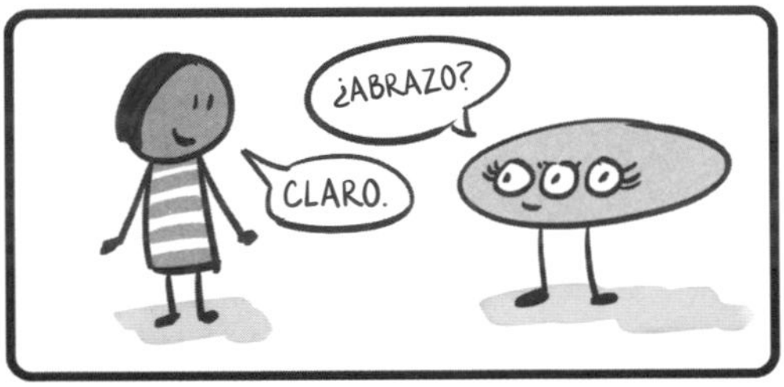
¿ABRAZO?
CLARO.

PERO NO ES COMO LO IMAGINABAS:

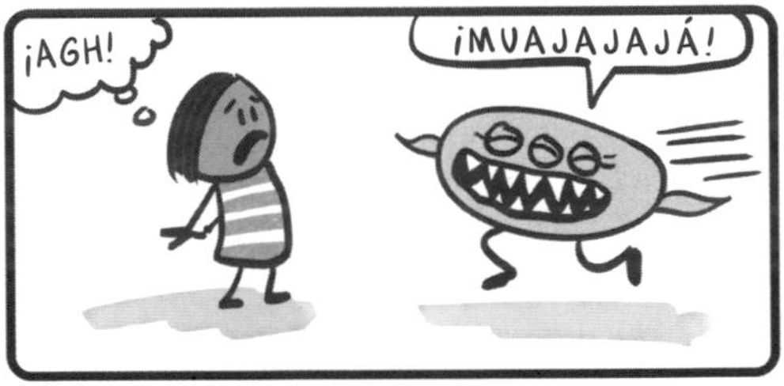
¡AGH!
¡MUAJAJAJÁ!

SE **VALE** CAMBIAR DE OPINIÓN.

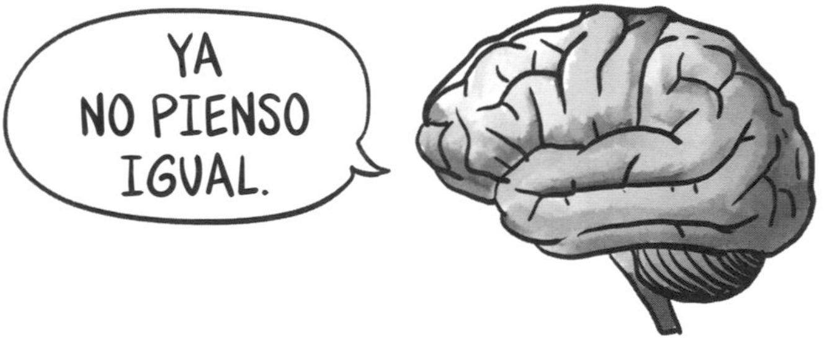
YA NO PIENSO IGUAL.

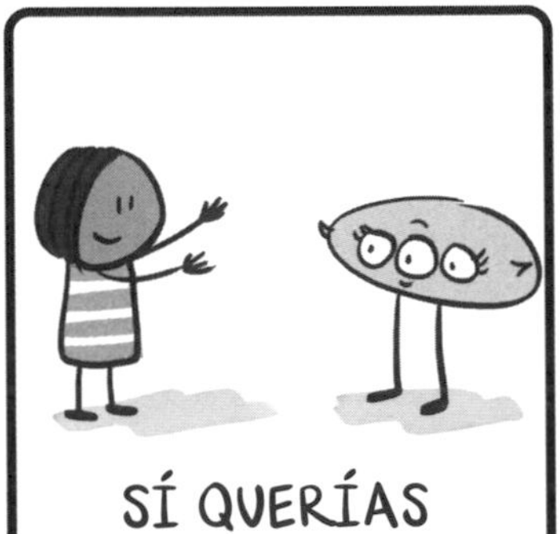

SÍ QUERÍAS UN ABRAZO.

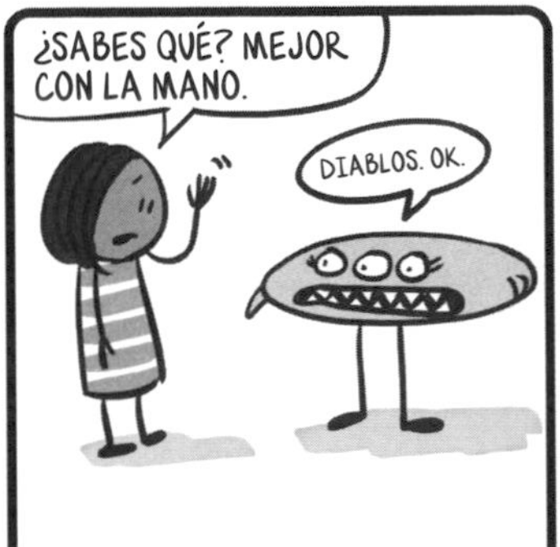
¿SABES QUÉ? MEJOR CON LA MANO.
DIABLOS. OK.

PERO YA NO.

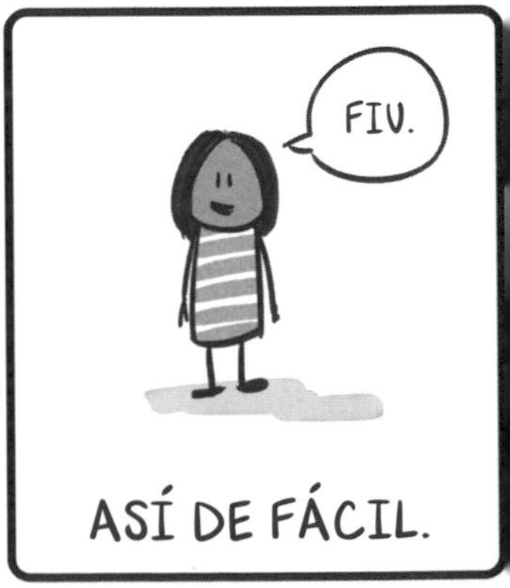
FIU.

ASÍ DE FÁCIL.

O A LO MEJOR **PROBASTE** ALGO, PERO AL FINAL YA NO TE GUSTÓ.

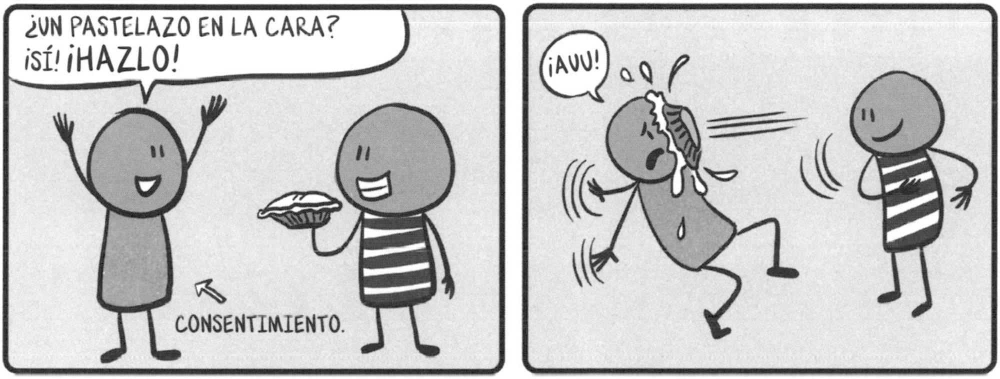
¿UN PASTELAZO EN LA CARA? ¡SÍ! ¡HAZLO!
CONSENTIMIENTO.
¡AUU!

AUN ASÍ **ESTÁ BIEN** CAMBIAR DE OPINIÓN.

(Aunque antes hayas dicho mil veces que sí.)

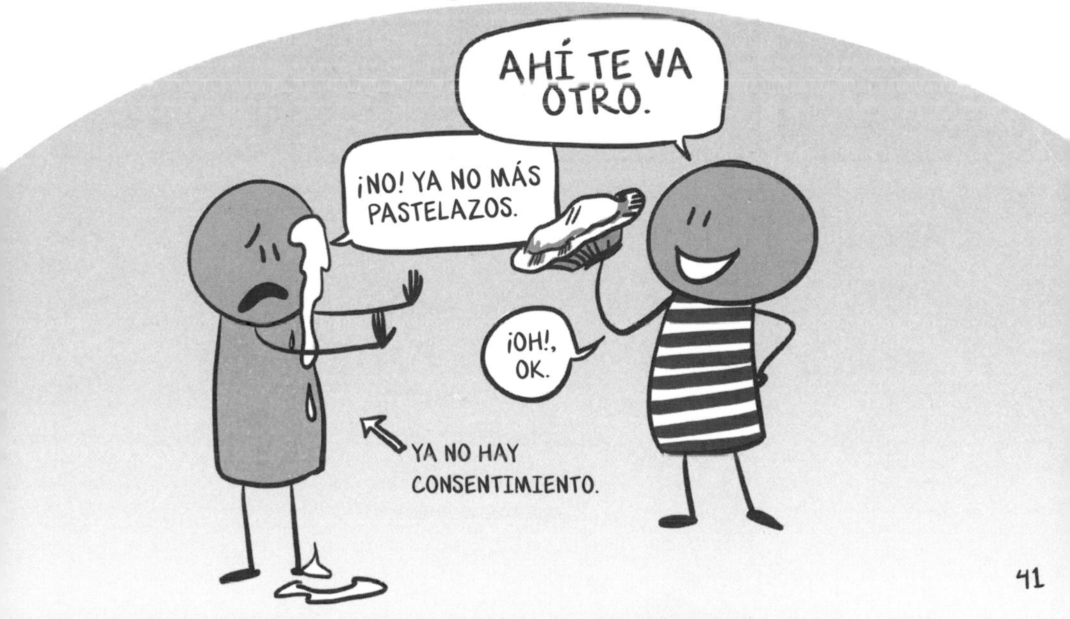
AHÍ TE VA OTRO.
¡NO! YA NO MÁS PASTELAZOS.
¡OH!, OK.
YA NO HAY CONSENTIMIENTO.

¡ÚLTIMA HORA!

A VECES LA GENTE SE ENFADA SI CAMBIAS DE OPINIÓN.

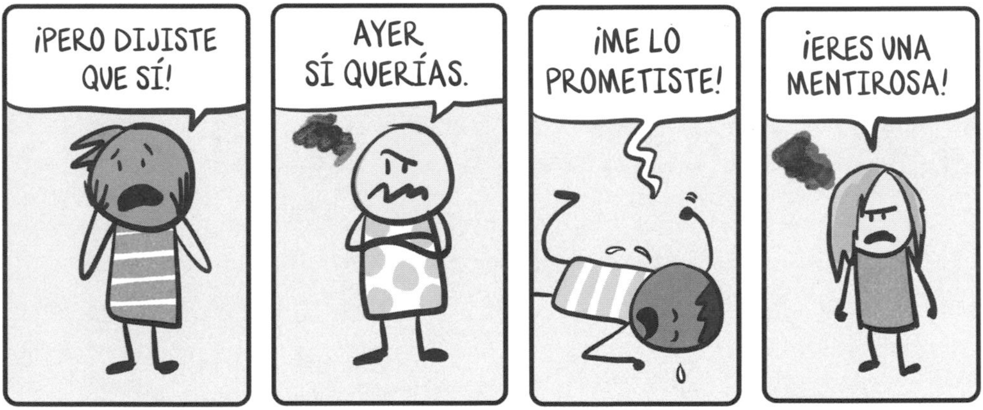
¡PERO DIJISTE QUE SÍ!
AYER SÍ QUERÍAS.
¡ME LO PROMETISTE!
¡ERES UNA MENTIROSA!

ALGUNAS PERSONAS PUEDEN SENTIRSE FRUSTRADAS, FASTIDIADAS O HASTA MOLESTAS. PERO IGUAL <u>TÚ</u> DECIDES.

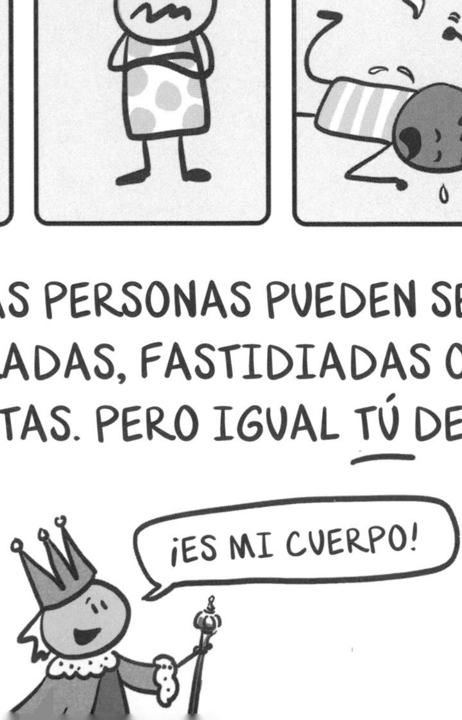
¡ES MI CUERPO!

EL ZORRILLO

UN MINICÓMIC SOBRE LOS LÍMITES EN LAS RELACIONES

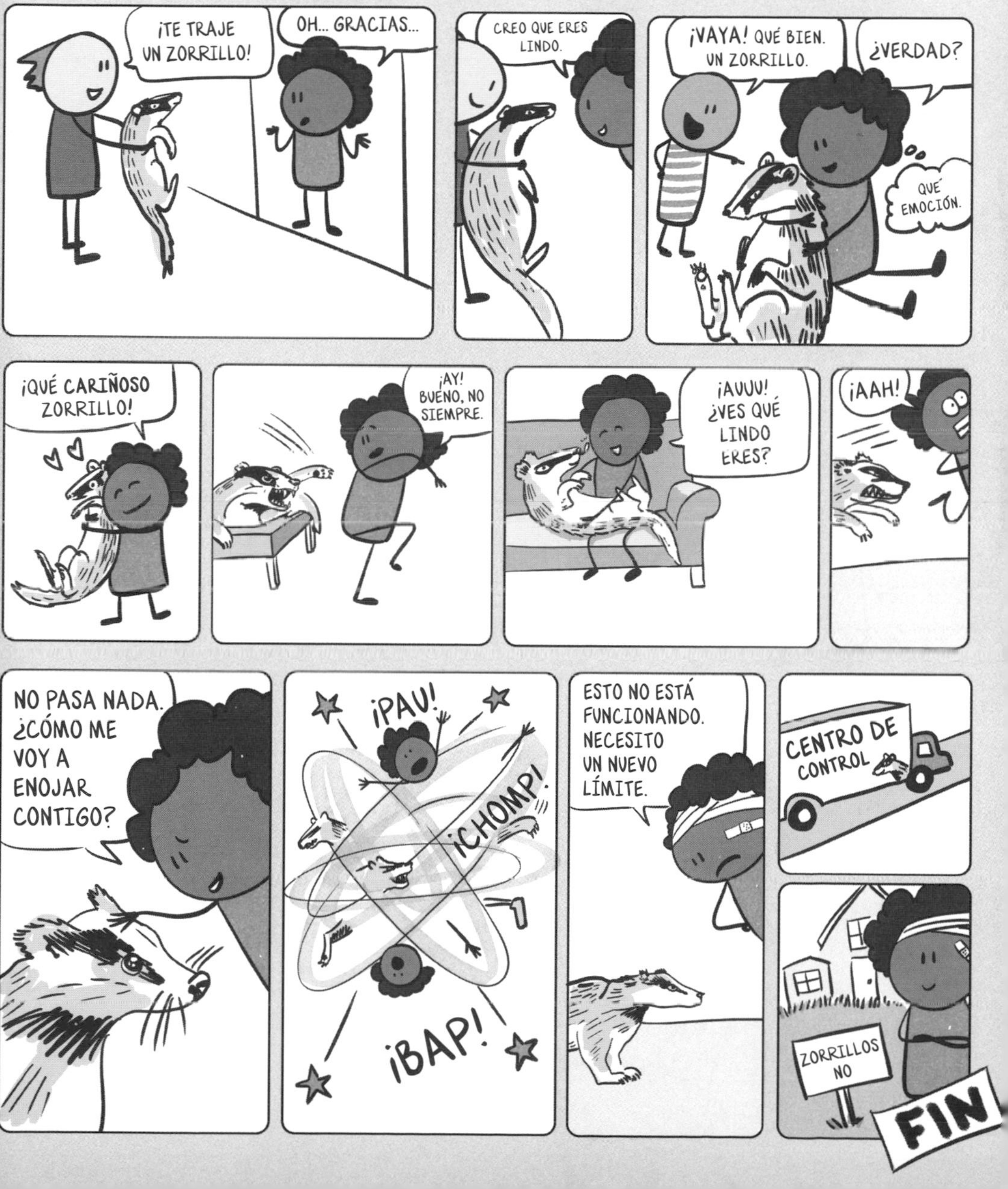

¡TE TRAJE UN ZORRILLO!
OH... GRACIAS...
CREO QUE ERES LINDO.
¡VAYA! QUÉ BIEN. UN ZORRILLO.
¿VERDAD?
QUÉ EMOCIÓN.
¡QUÉ CARIÑOSO ZORRILLO!
¡AY! BUENO, NO SIEMPRE.
¡AUUU! ¿VES QUÉ LINDO ERES?
¡AAH!
NO PASA NADA. ¿CÓMO ME VOY A ENOJAR CONTIGO?
¡PAU!
¡CHOMP!
¡BAP!
ESTO NO ESTÁ FUNCIONANDO. NECESITO UN NUEVO LÍMITE.
CENTRO DE CONTROL
ZORRILLOS NO
FIN

EL ZORRILLO TOMA 2

LA PRÓXIMA VEZ:

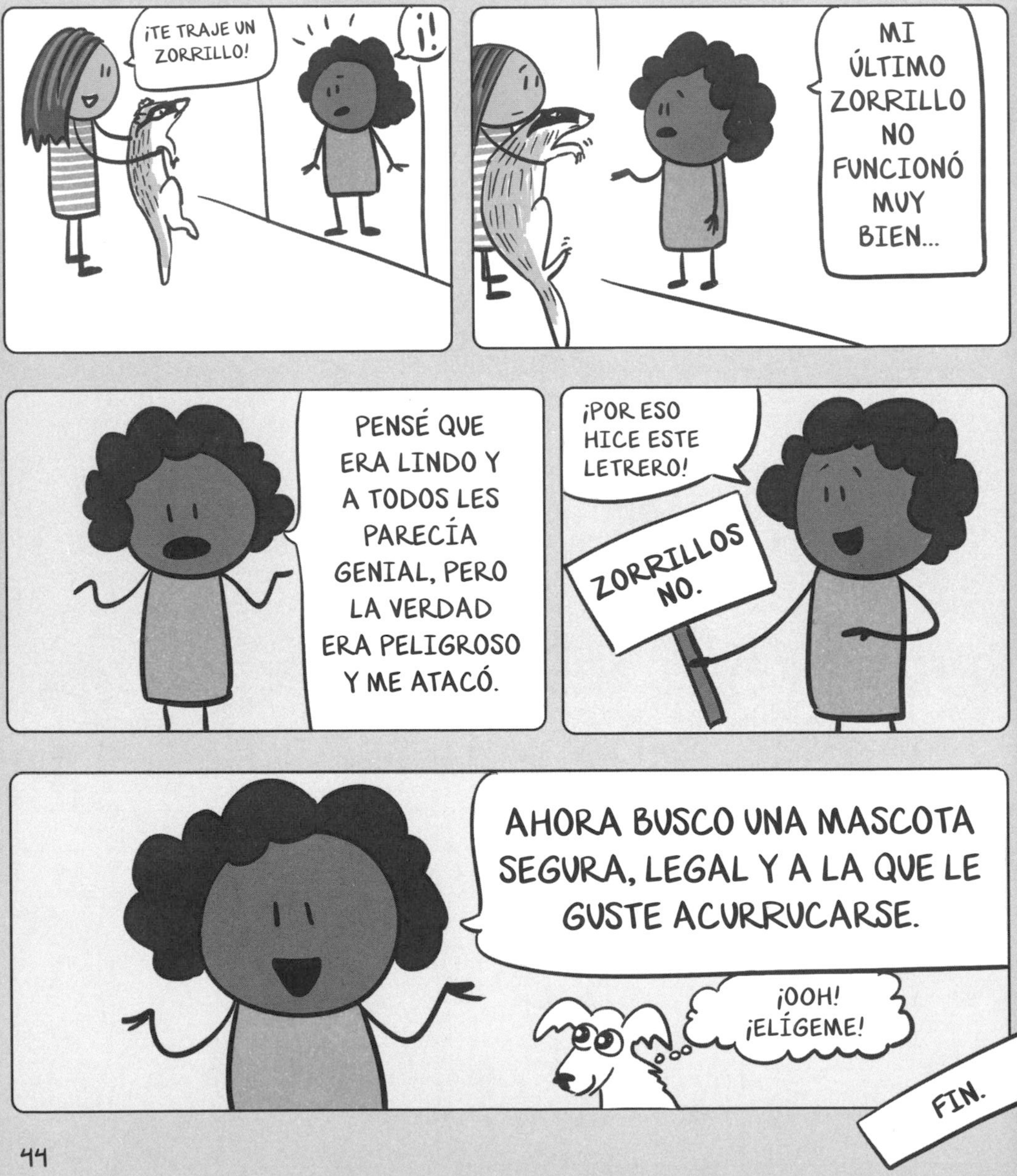

¡TE TRAJE UN ZORRILLO!
¡!
MI ÚLTIMO ZORRILLO NO FUNCIONÓ MUY BIEN...
PENSÉ QUE ERA LINDO Y A TODOS LES PARECÍA GENIAL, PERO LA VERDAD ERA PELIGROSO Y ME ATACÓ.
¡POR ESO HICE ESTE LETRERO!
ZORRILLOS NO.
AHORA BUSCO UNA MASCOTA SEGURA, LEGAL Y A LA QUE LE GUSTE ACURRUCARSE.
¡OOH! ¡ELÍGEME!
FIN.

capítulo 5

BUSCA RELACIONES SANAS

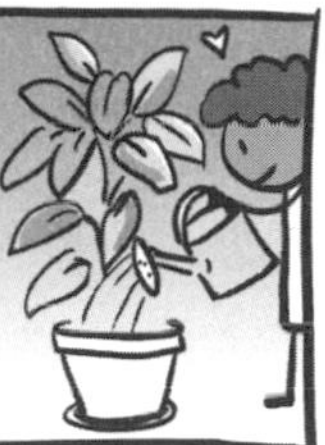

HAY MUCHAS CLASES DE RELACIONES:

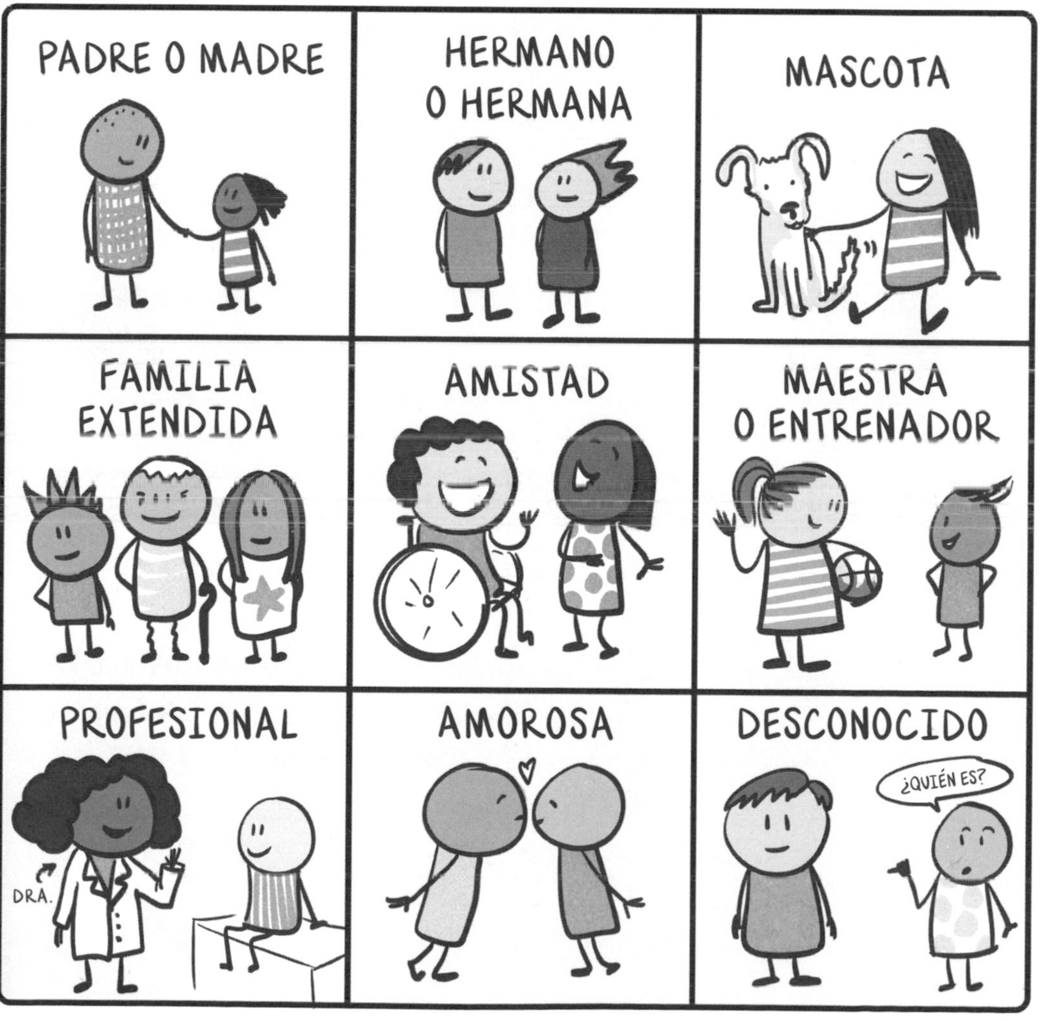
PADRE O MADRE
HERMANO O HERMANA
MASCOTA
FAMILIA EXTENDIDA
AMISTAD
MAESTRA O ENTRENADOR
PROFESIONAL
DRA.
AMOROSA
DESCONOCIDO
¿QUIÉN ES?

¿QUÉ HACE QUE UNA RELACIÓN SEA SANA?

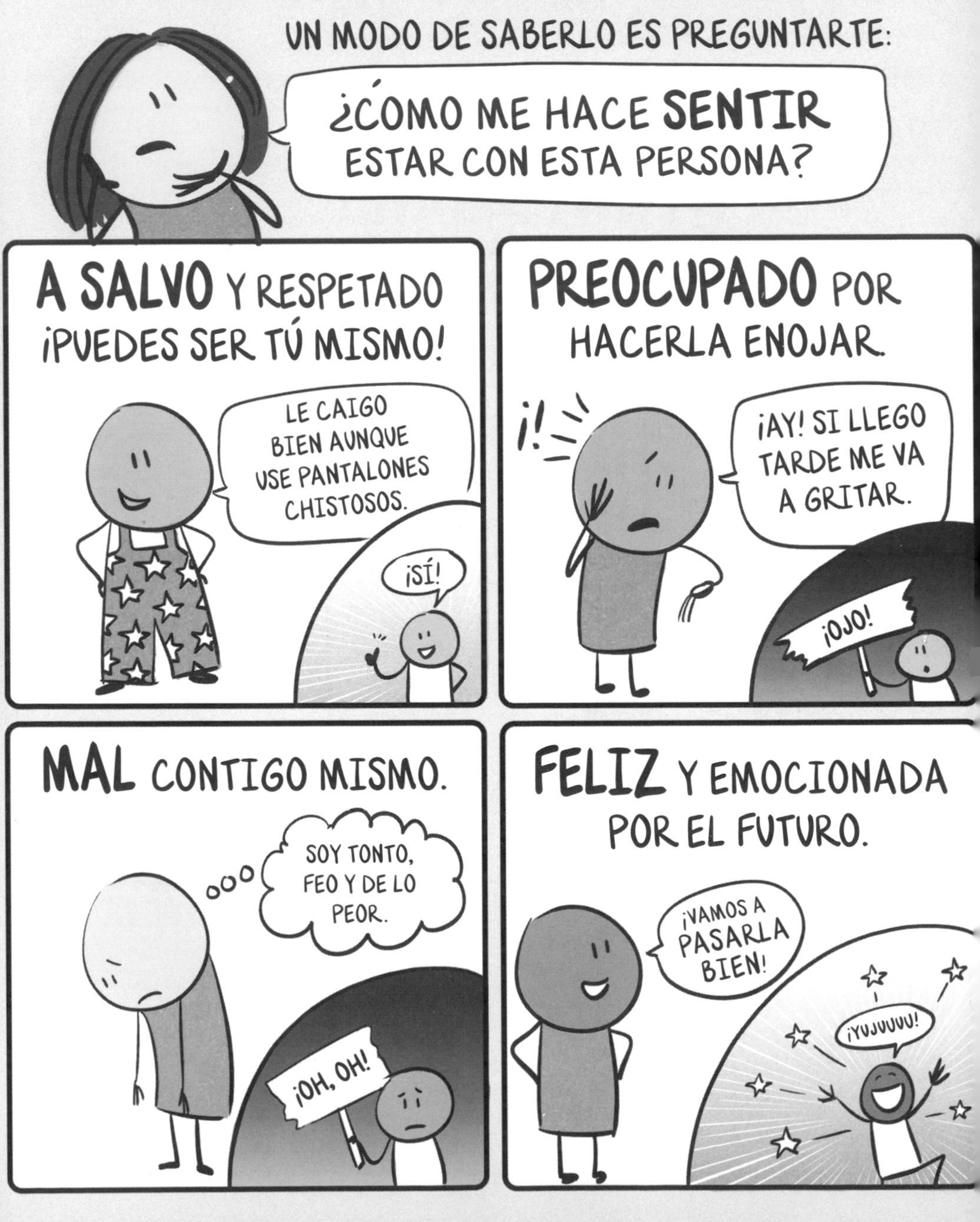

UN MODO DE SABERLO ES PREGUNTARTE:
¿CÓMO ME HACE **SENTIR** ESTAR CON ESTA PERSONA?
A SALVO Y RESPETADO ¡PUEDES SER TÚ MISMO!
LE CAIGO BIEN AUNQUE USE PANTALONES CHISTOSOS.
¡SÍ!
PREOCUPADO POR HACERLA ENOJAR.
¡!
¡AY! SI LLEGO TARDE ME VA A GRITAR.
¡OJO!
MAL CONTIGO MISMO.
SOY TONTO, FEO Y DE LO PEOR.
¡OH, OH!
FELIZ Y EMOCIONADA POR EL FUTURO.
¡VAMOS A PASARLA BIEN!
¡YUJUUUU!

EN **TODAS** LAS RELACIONES HAY MOMENTOS DIFÍCILES.

PARA RESOLVERLOS HAY QUE **HABLAR** DE LOS LÍMITES DE CADA QUIEN Y **RESPETARLOS.**

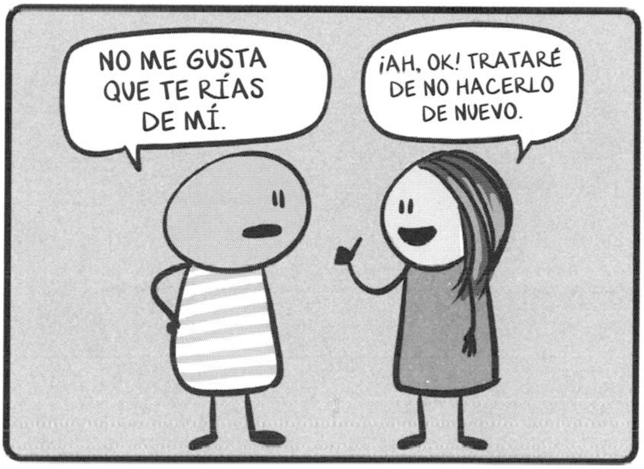
NO ME GUSTA QUE TE RÍAS DE MÍ.
¡AH, OK! TRATARÉ DE NO HACERLO DE NUEVO.

EÑALES POSITIVAS de una RELACIÓN SANA

- ☐ SE SIENTE BIEN
- ☐ ES SEGURA
- ☐ TE DA CONFIANZA
- ☐ HAY RESPETO MUTUO
- ☐ LAS DOS PERSONAS TIENEN AUTONOMÍA CORPORAL

SEÑALES DE ALARMA de una RELACIÓN MALSANA

- ☐ SE SIENTE MAL
- ☐ NO ES SEGURA
- ☐ SIENTES TRISTEZA, ANGUSTIA O MIEDO
- ☐ NO HAY RESPETO MUTUO
- UNA PERSONA TRATA DE CONTROLAR A LA OTRA

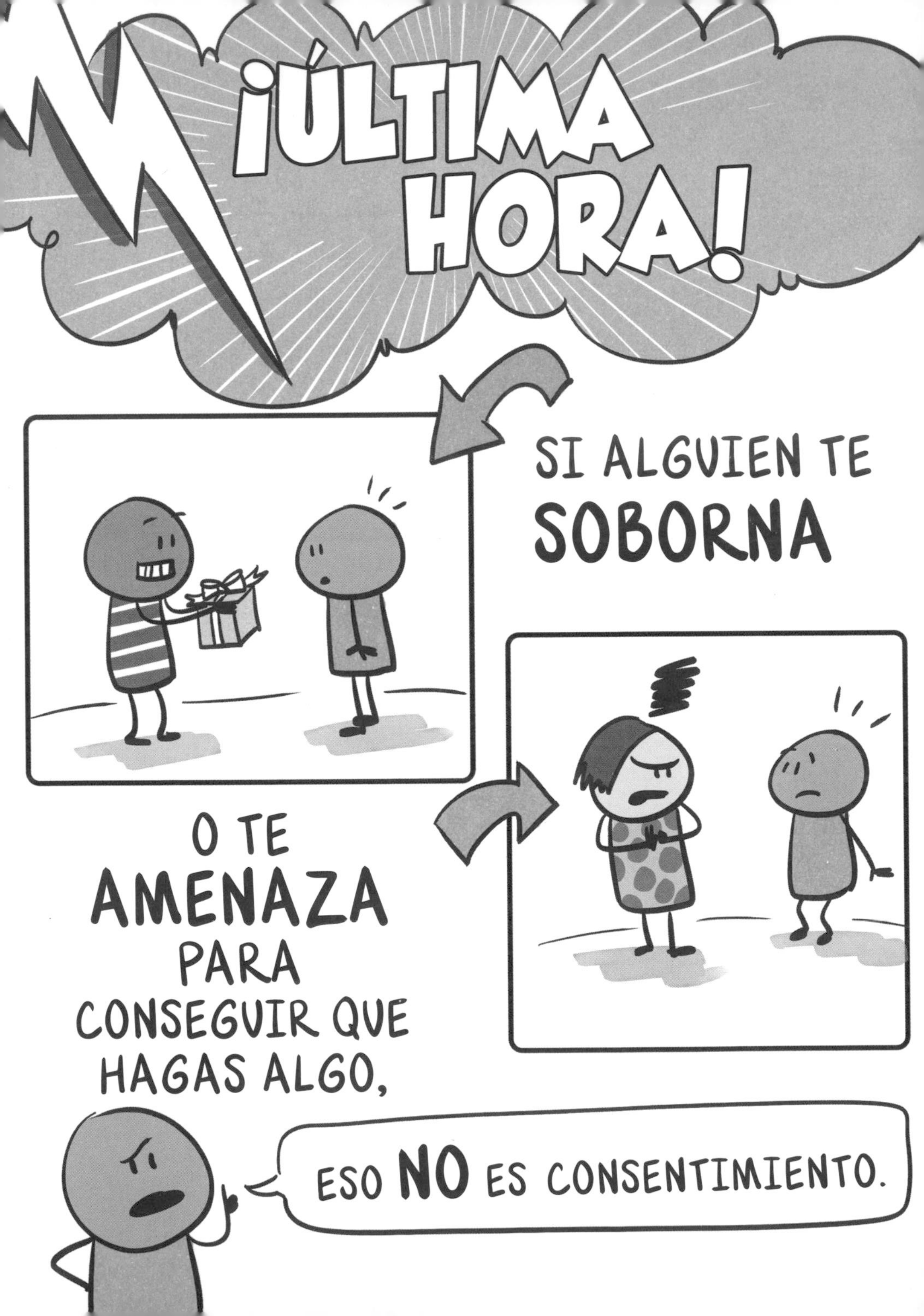
¡ÚLTIMA HORA!
SI ALGUIEN TE SOBORNA
O TE AMENAZA PARA CONSEGUIR QUE HAGAS ALGO,
ESO NO ES CONSENTIMIENTO.

CASI TODA LA GENTE QUE PARECE LINDA ES, PUES SÍ... **¡LINDA!**

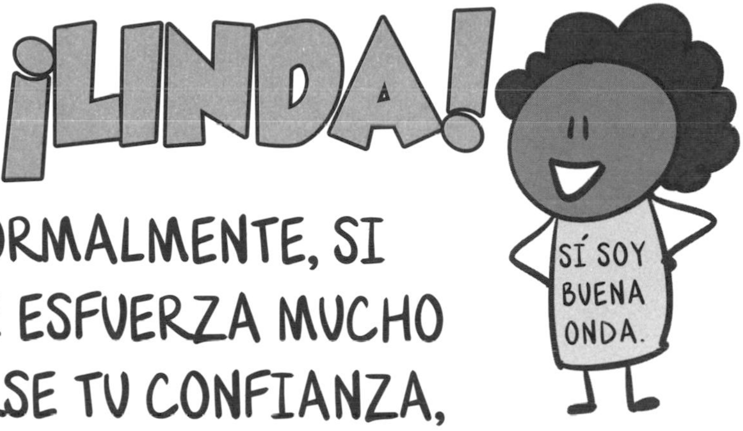
SÍ SOY BUENA ONDA.

ASÍ QUE, NORMALMENTE, SI ALGUIEN SE ESFUERZA MUCHO POR GANARSE TU CONFIANZA,

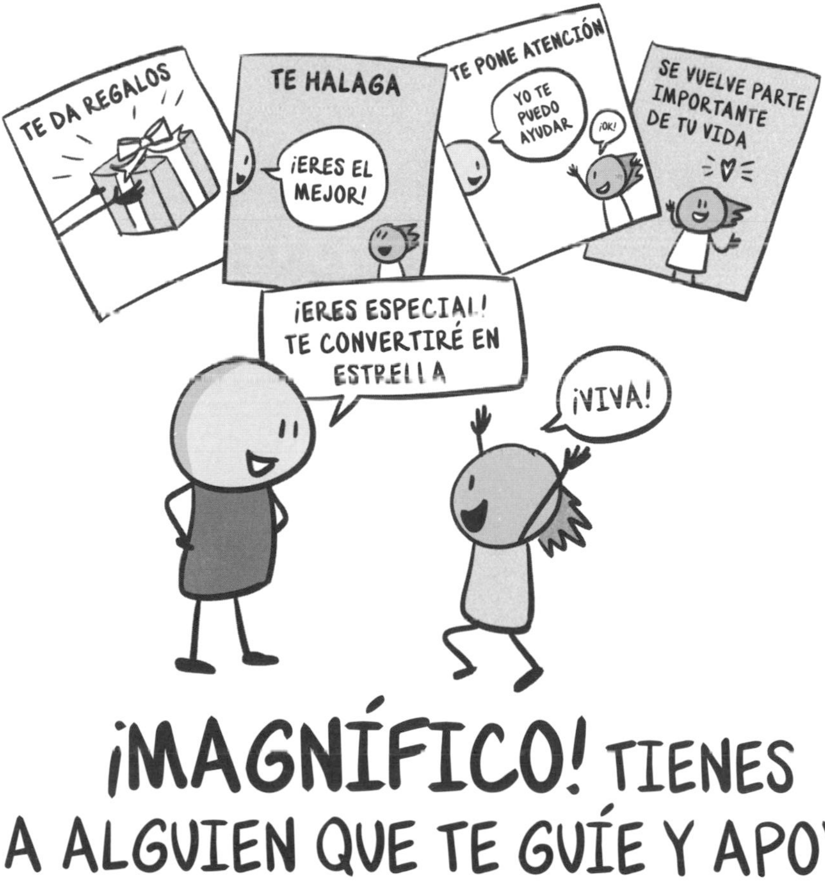
TE DA REGALOS
TE HALAGA
¡ERES EL MEJOR!
TE PONE ATENCIÓN
YO TE PUEDO AYUDAR
¡OK!
SE VUELVE PARTE IMPORTANTE DE TU VIDA
¡ERES ESPECIAL! TE CONVERTIRÉ EN ESTRELLA
¡VIVA!

¡MAGNÍFICO! TIENES A ALGUIEN QUE TE GUÍE Y APOYE.

PERO HAY GENTE QUE SE GANA TU CONFIANZA PARA **ROMPERLA.**

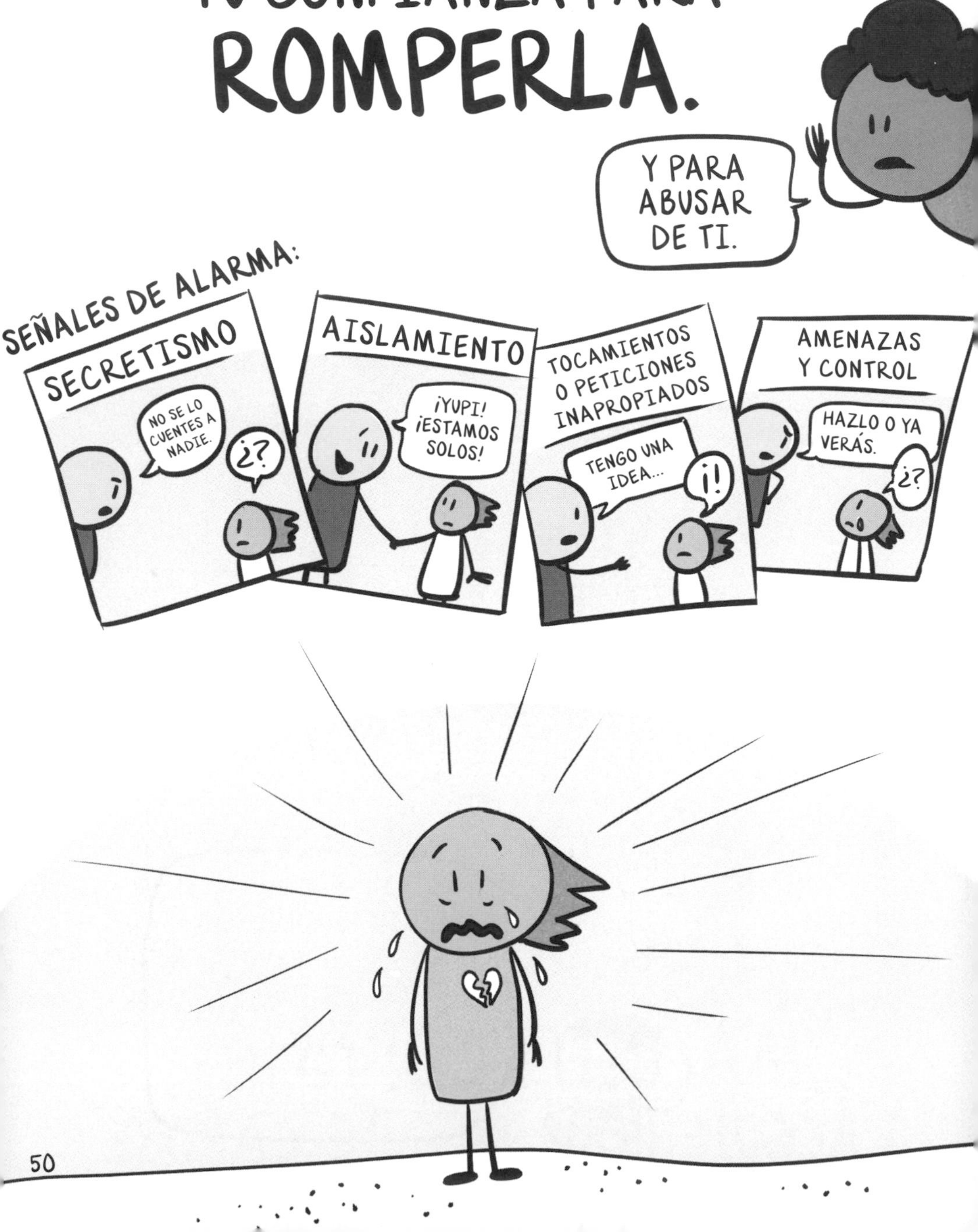
Y PARA ABUSAR DE TI.
SEÑALES DE ALARMA:
SECRETISMO
NO SE LO CUENTES A NADIE.
¿?
AISLAMIENTO
¡YUPI! ¡ESTAMOS SOLOS!
TOCAMIENTOS O PETICIONES INAPROPIADOS
TENGO UNA IDEA...
¡!
AMENAZAS Y CONTROL
HAZLO O YA VERÁS.
¿?

NO
ES TU
CULPA.

CUANDO UN ADULTO SE COMPORTA DE FORMA INAPROPIADA CON UN NIÑO, **SIEMPRE** ES CULPA DEL ADULTO.

POR ESO ES TAN IMPORTANTE APOYAR A NUESTROS AMIGOS...

SI ALGUIEN EN QUIEN CONFÍAS HACE ALGO QUE NO ESTÁ BIEN, PUEDES CAMBIAR DE OPINIÓN RESPECTO A ESA PERSONA.

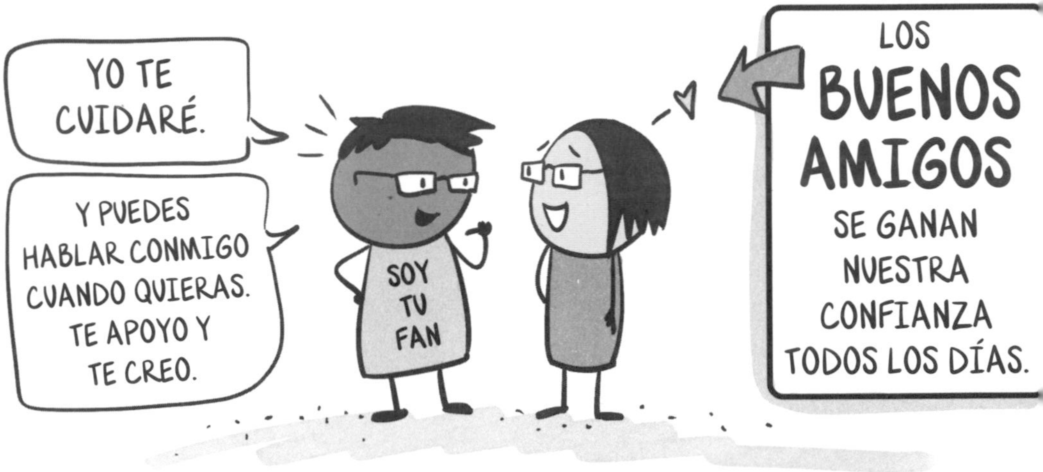
YO TE CUIDARÉ.
Y PUEDES HABLAR CONMIGO CUANDO QUIERAS. TE APOYO Y TE CREO.
SOY TU FAN
LOS BUENOS AMIGOS SE GANAN NUESTRA CONFIANZA TODOS LOS DÍAS.

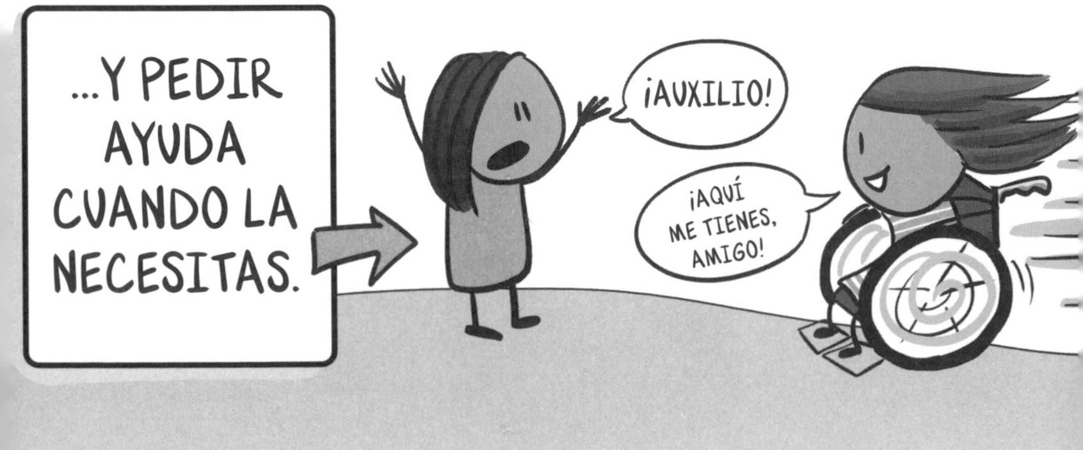
...Y PEDIR AYUDA CUANDO LA NECESITAS.
¡AUXILIO!
¡AQUÍ ME TIENES, AMIGO!

capítulo 6 OBSÉRVATE

¿YO?

TODOS RECORDAMOS UNA OCASIÓN* EN LA QUE ALGUIEN NO RESPETÓ NUESTROS LÍMITES.

* ¡O MUCHAS!

#575:
ME DIERON UN EMPUJÓN EN EL PARQUE.

PERO AHORA ES MOMENTO DE VERTE A TI MISMO Y REFLEXIONAR.

¿QUÉ TAN BUENO ERES TÚ PARA RESPETAR LOS LÍMITES DE OTRAS PERSONAS?

YO UN MINICÓMIC

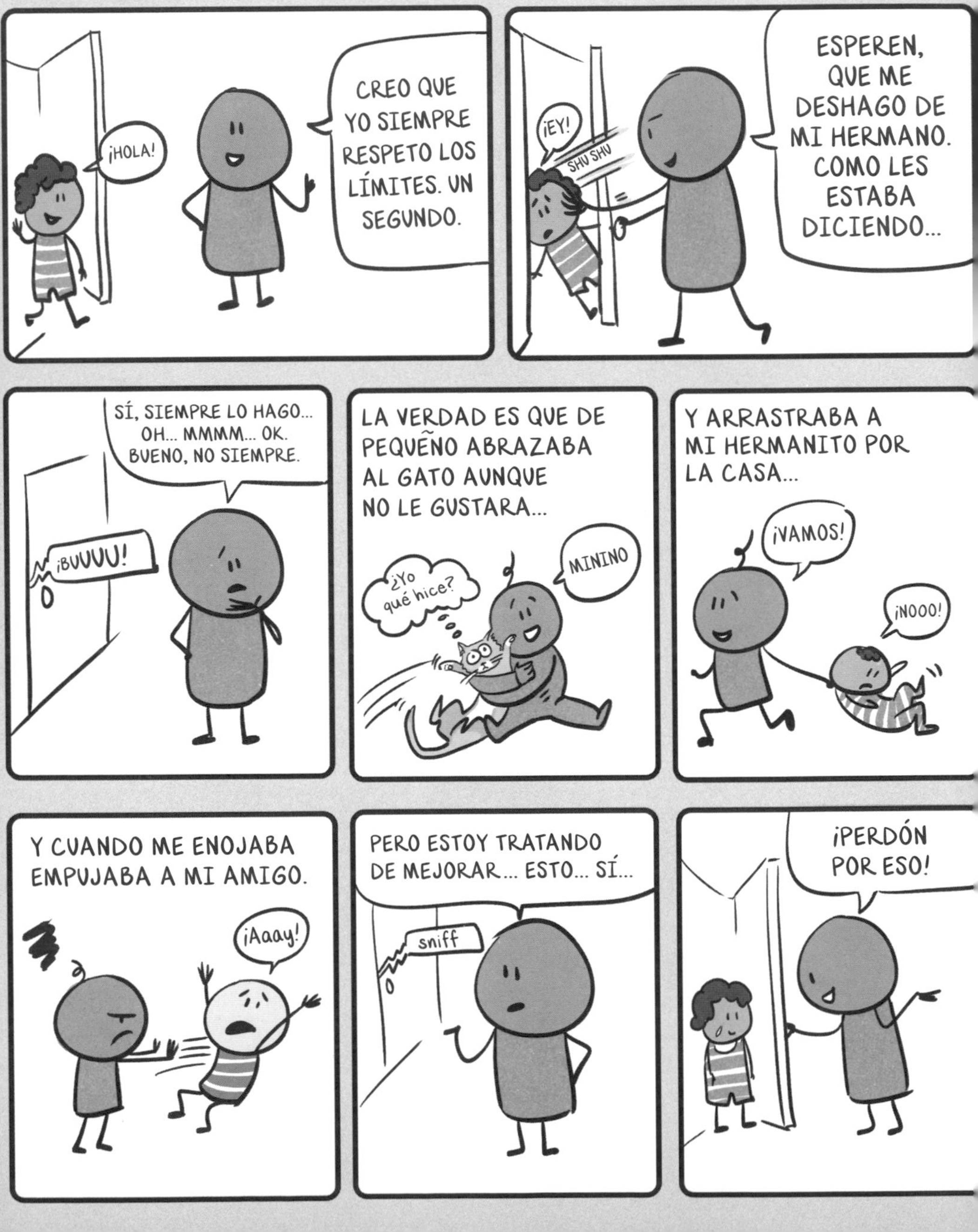
¡HOLA!
CREO QUE YO SIEMPRE RESPETO LOS LÍMITES. UN SEGUNDO.
¡EY!
SHU SHU
ESPEREN, QUE ME DESHAGO DE MI HERMANO. COMO LES ESTABA DICIENDO...
SÍ, SIEMPRE LO HAGO... OH... MMMM... OK. BUENO, NO SIEMPRE.
¡BUUUU!
LA VERDAD ES QUE DE PEQUEÑO ABRAZABA AL GATO AUNQUE NO LE GUSTARA...
¿Yo qué hice?
MININO
Y ARRASTRABA A MI HERMANITO POR LA CASA...
¡VAMOS!
¡NOOO!
Y CUANDO ME ENOJABA EMPUJABA A MI AMIGO.
¡Aaay!
PERO ESTOY TRATANDO DE MEJORAR... ESTO... SÍ...
sniff
¡PERDÓN POR ESO!

ES FÁCIL CONCENTRARTE EN LO QUE **TÚ** QUIERES Y OLVIDARTE DE ESCUCHAR A LOS DEMÁS.

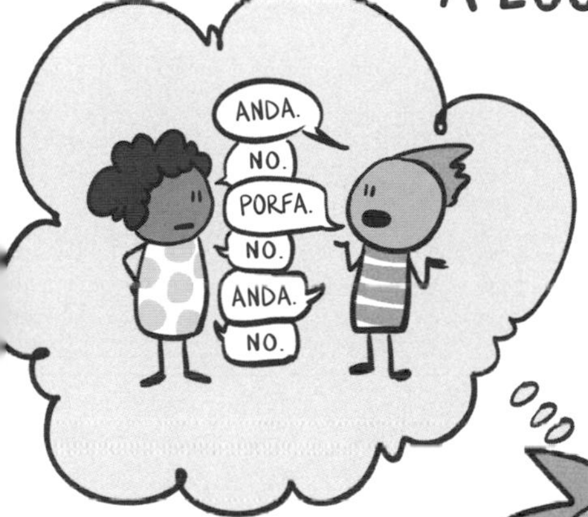
ANDA.
NO.
PORFA.
NO.
ANDA.
NO.

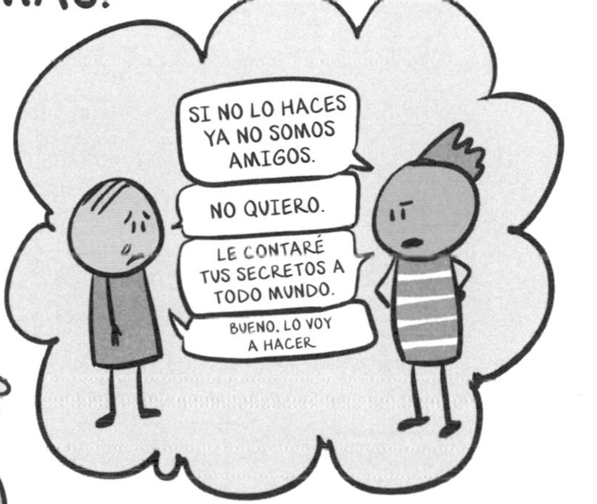
SI NO LO HACES YA NO SOMOS AMIGOS.
NO QUIERO.
LE CONTARÉ TUS SECRETOS A TODO MUNDO.
BUENO, LO VOY A HACER

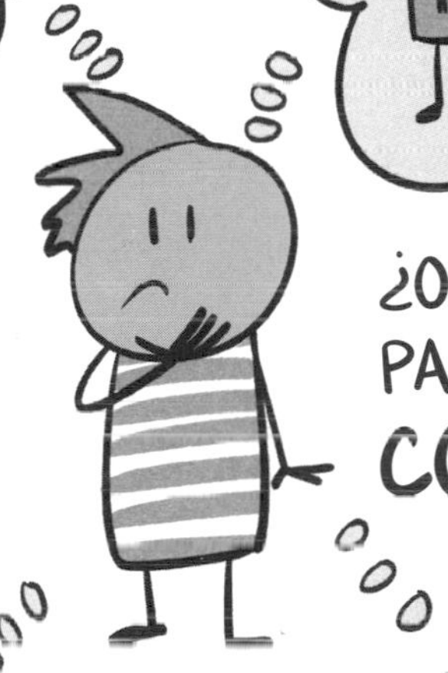

¿TRATAS DE **CONTROLAR** A TUS AMIGOS?

¿O LOS ESCUCHAS PARA SABER SI **CONSIENTEN**?

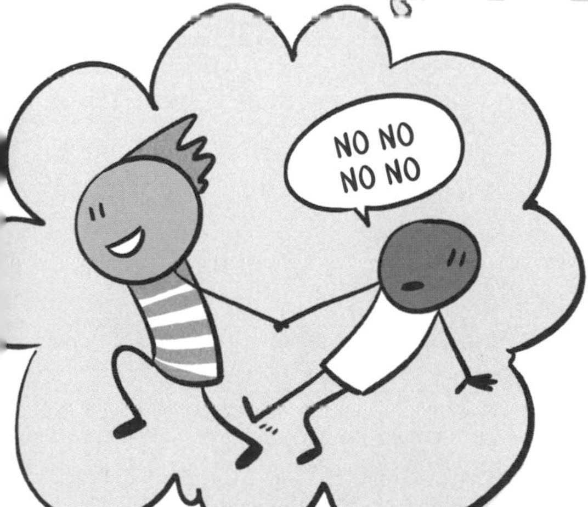
NO NO NO NO

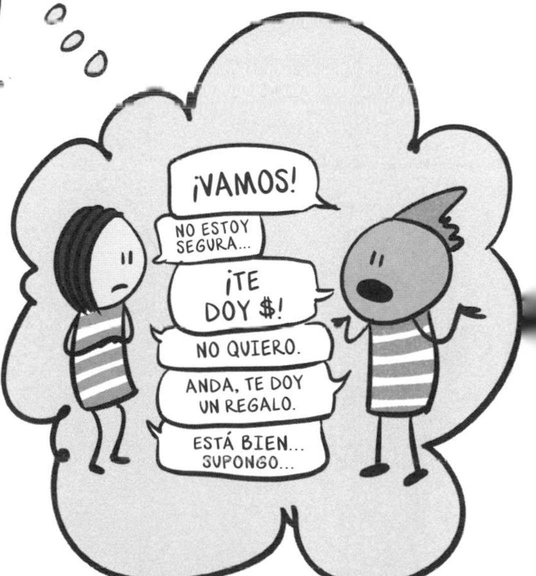
¡VAMOS!
NO ESTOY SEGURA...
¡TE DOY $!
NO QUIERO.
ANDA, TE DOY UN REGALO.
ESTÁ BIEN... SUPONGO...

Y LOS LÍMITES DE LOS DEMÁS EXISTEN INCLUSO CUANDO NO ESTÁN CONTIGO...

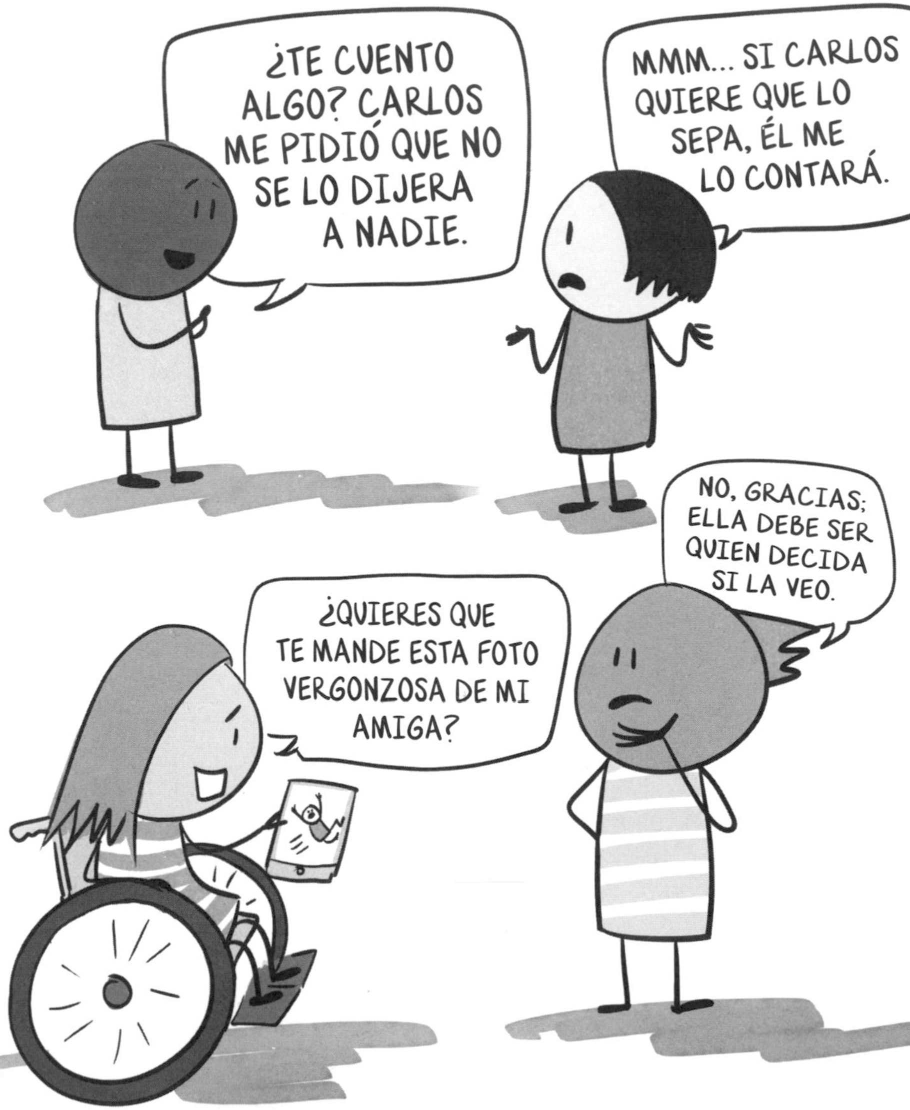
¿TE CUENTO ALGO? CARLOS ME PIDIÓ QUE NO SE LO DIJERA A NADIE.
MMM... SI CARLOS QUIERE QUE LO SEPA, ÉL ME LO CONTARÁ.
¿QUIERES QUE TE MANDE ESTA FOTO VERGONZOSA DE MI AMIGA?
NO, GRACIAS; ELLA DEBE SER QUIEN DECIDA SI LA VEO.

¡ÚLTIMA HORA!

NO MANDES FOTOS

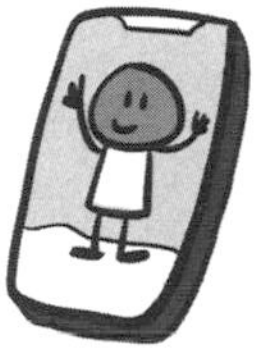

O

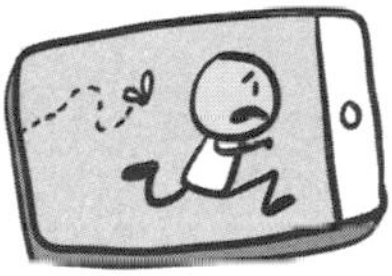

VIDEOS DE NADIE

SIN SU CONSENTIMIENTO. (¡AUNQUE ESA PERSONA TE LOS HAYA MANDADO!)

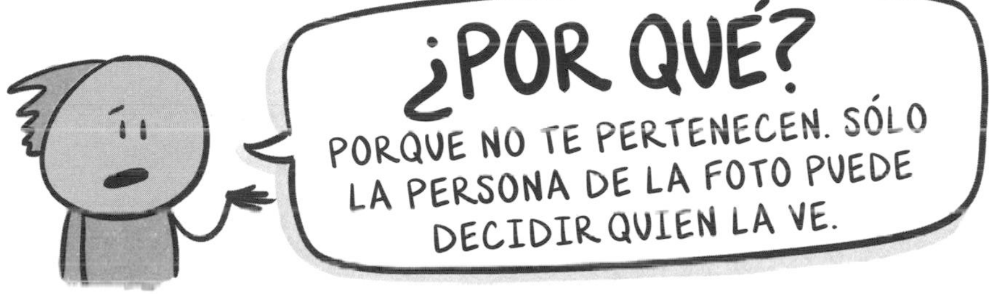
¿POR QUÉ?
PORQUE NO TE PERTENECEN. SÓLO LA PERSONA DE LA FOTO PUEDE DECIDIR QUIEN LA VE.

Y DESPUÉS DE QUE TÚ LA MANDAS... NO PUEDES CONTROLAR ADÓNDE VA...

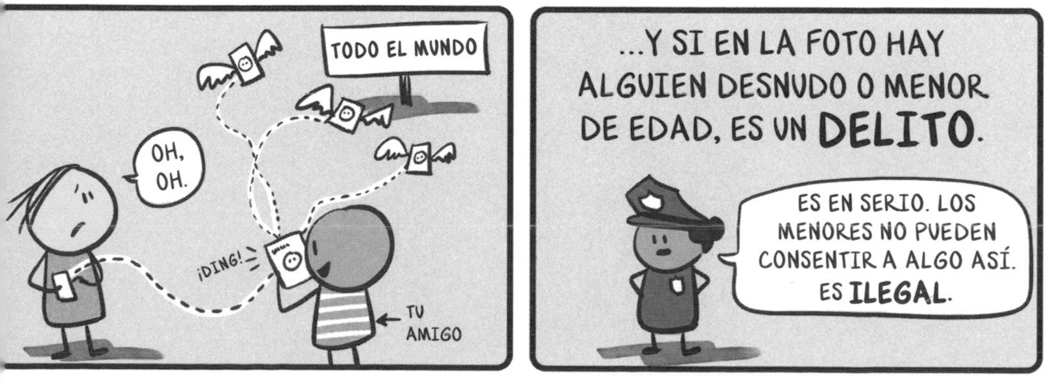
TODO EL MUNDO
OH, OH.
¡DING!
TU AMIGO
...Y SI EN LA FOTO HAY ALGUIEN DESNUDO O MENOR DE EDAD, ES UN DELITO.
ES EN SERIO. LOS MENORES NO PUEDEN CONSENTIR A ALGO ASÍ. ES ILEGAL.

APRENDER A RESPETARNOS LOS UNOS A LOS OTROS ES DIFÍCIL AL PRINCIPIO:

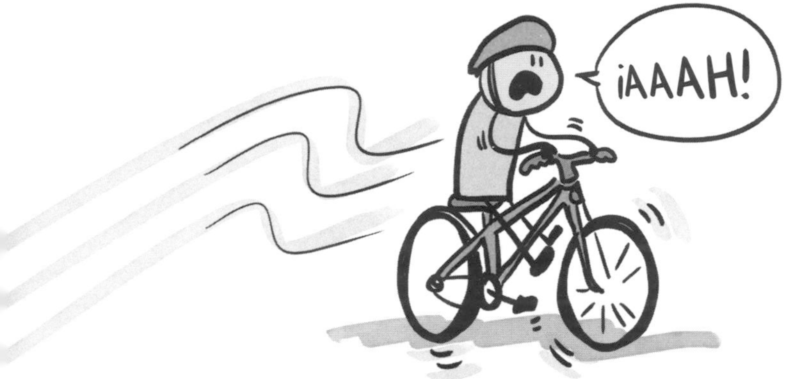
¡AAAH!

EL CONSENTIMIENTO
REQUIERE PRÁCTICA.

MIENTRAS MÁS GENTE A TU ALREDEDOR LO PRACTIQUE, MÁS NATURAL SERÁ PARA TODO EL MUNDO.

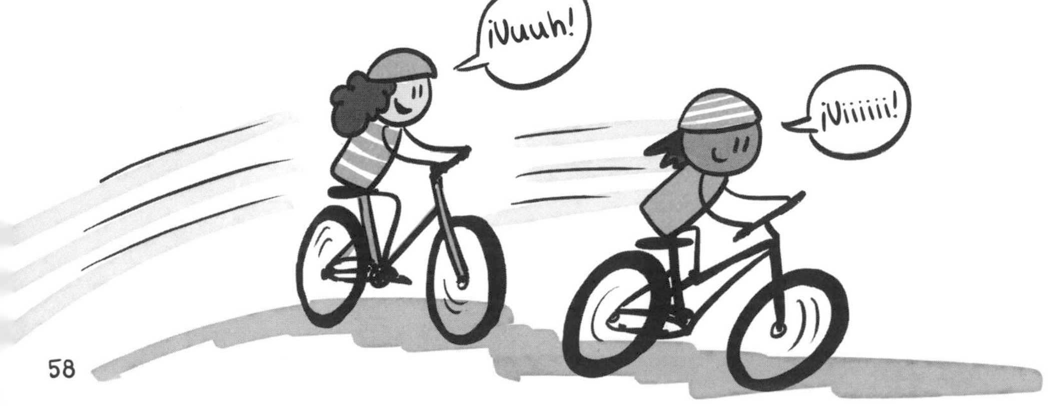
¡Vuuh!
¡Viiiiii!

Capítulo 7 TÚ AL RESCATE

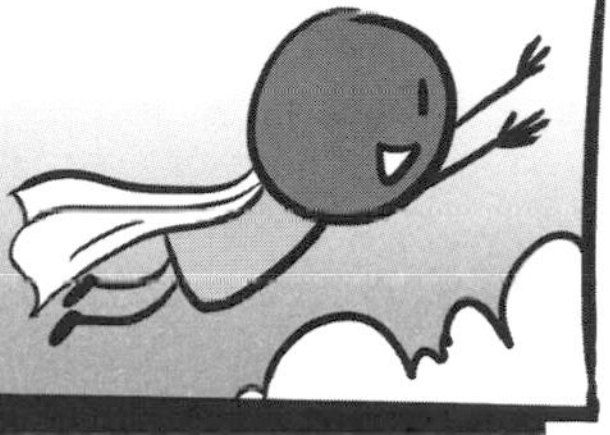

MUY BIEN,

AHORA YA SABES LO QUE ES PONER TUS PROPIOS LÍMITES Y ESCUCHAR A LOS DEMÁS.

PERO ¿QUÉ HACER SI NOTAS QUE **ALGUIEN MÁS** ESTÁ EN UNA MALA SITUACIÓN?

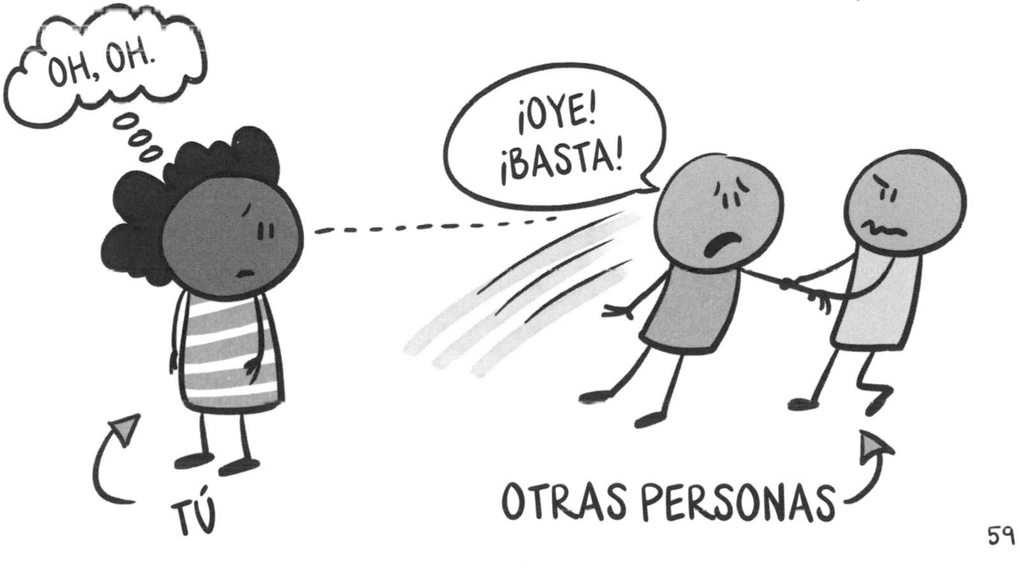
OH, OH.
¡OYE! ¡BASTA!
TÚ
OTRAS PERSONAS

CUATRO FORMAS DE AYUDAR

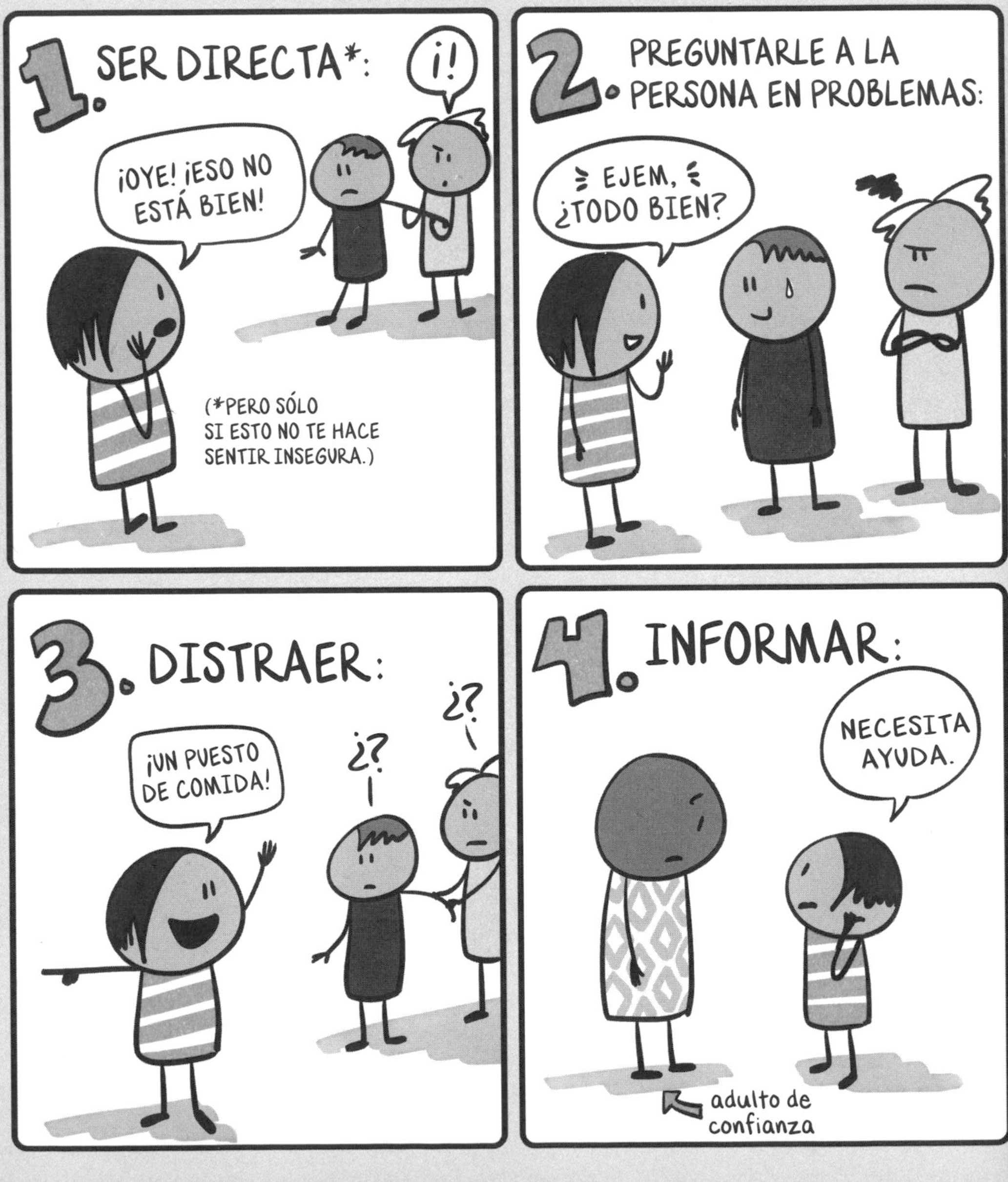
1. SER DIRECTA*:
¡!
¡OYE! ¡ESO NO ESTÁ BIEN!
(*PERO SÓLO SI ESTO NO TE HACE SENTIR INSEGURA.)
2. PREGUNTARLE A LA PERSONA EN PROBLEMAS:
EJEM, ¿TODO BIEN?
3. DISTRAER:
¡UN PUESTO DE COMIDA!
¿?
¿?
4. INFORMAR:
NECESITA AYUDA.
adulto de confianza

NO PUEDES MANTENER A TODO MUNDO **A SALVO**...

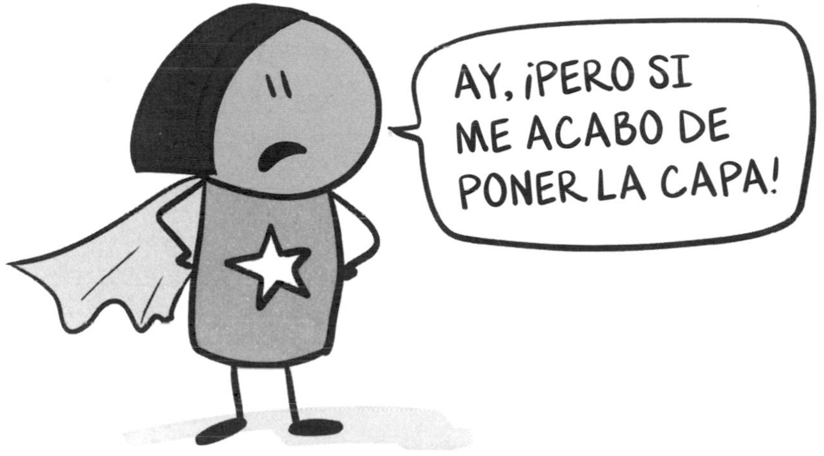
AY, ¡PERO SI ME ACABO DE PONER LA CAPA!

PERO TU **APOYO** NO ES POCA COSA.

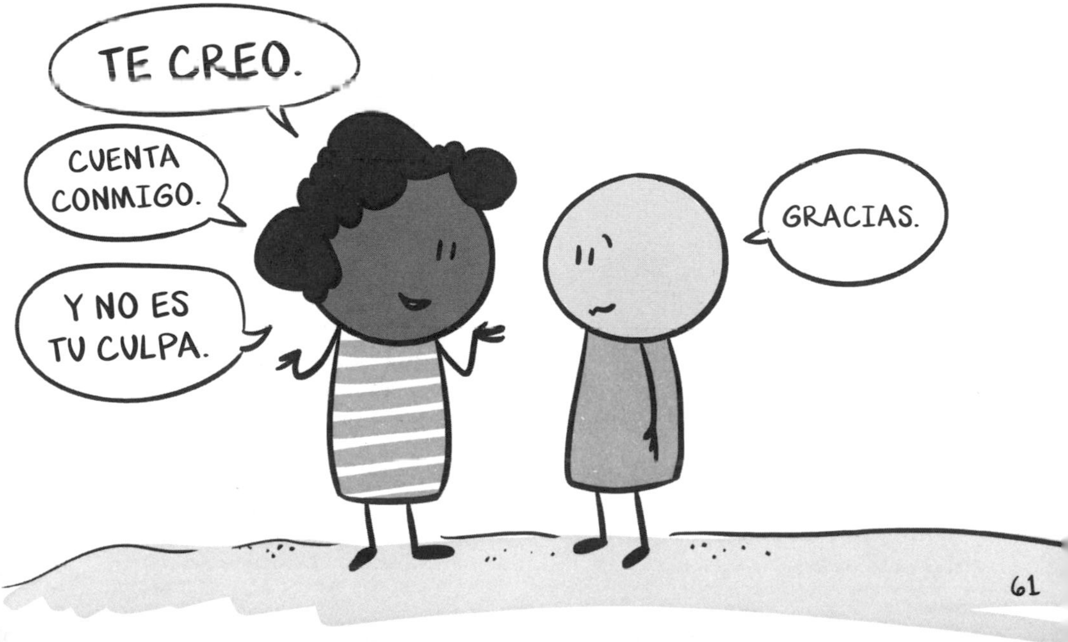
TE CREO.
CUENTA CONMIGO.
Y NO ES TU CULPA.
GRACIAS.

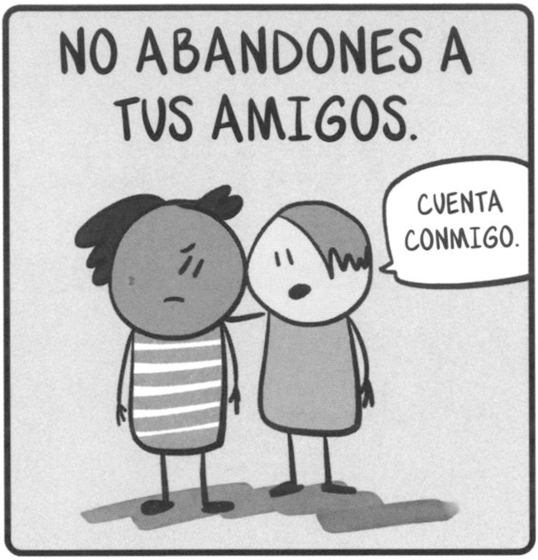
NO ABANDONES A TUS AMIGOS.
CUENTA CONMIGO.

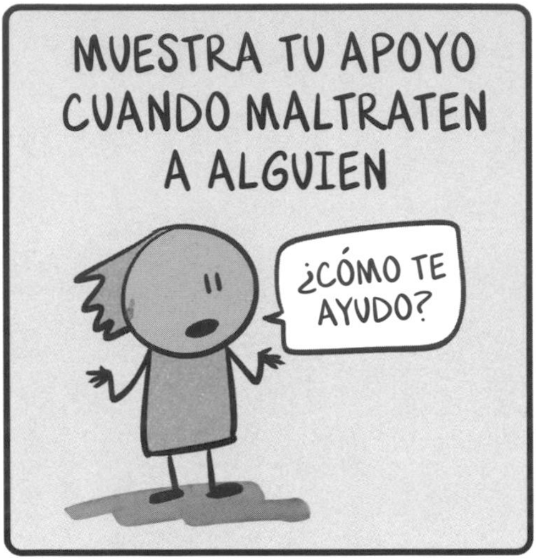
MUESTRA TU APOYO CUANDO MALTRATEN A ALGUIEN
¿CÓMO TE AYUDO?

Y SOBRE TODO, HAZLES SABER QUE...

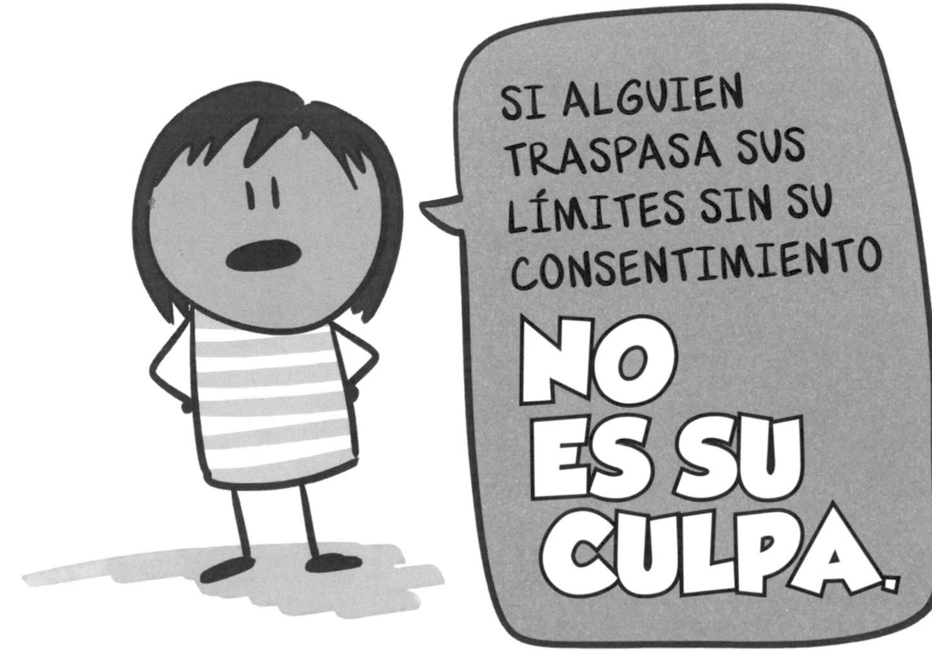
SI ALGUIEN TRASPASA SUS LÍMITES SIN SU CONSENTIMIENTO
NO ES SU CULPA.

capítulo 8 SEAN FUERTES JUNTOS

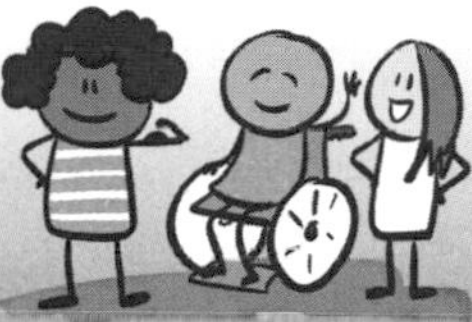

CADA FAMILIA TIENE SUS PROPIAS IDEAS SOBRE CUÁNTA AUTONOMÍA CORPORAL DEBEN TENER NIÑAS Y NIÑOS.

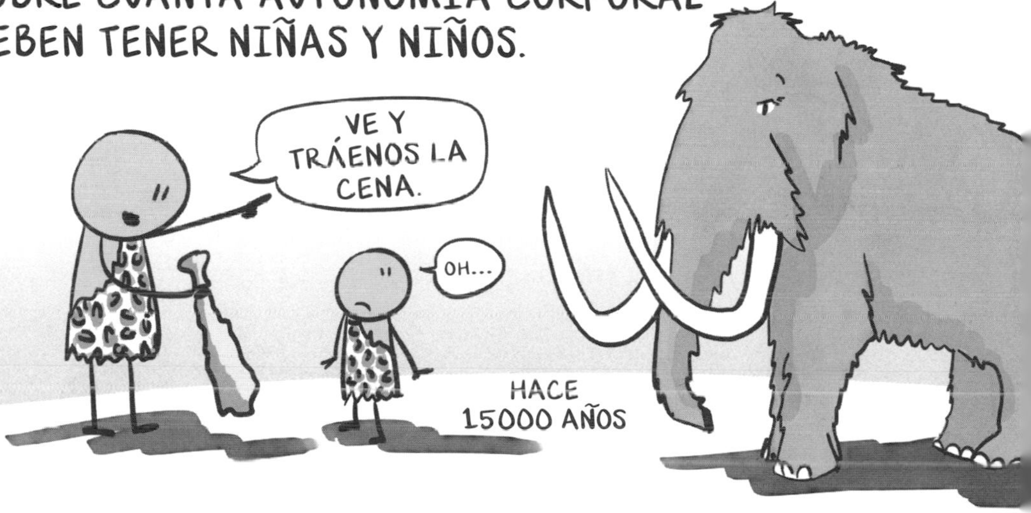
VE Y TRÁENOS LA CENA.
OH...
HACE 15000 AÑOS

HAY QUIENES INTENTAN RESPETAR LA AUTONOMÍA DE LOS MENORES:

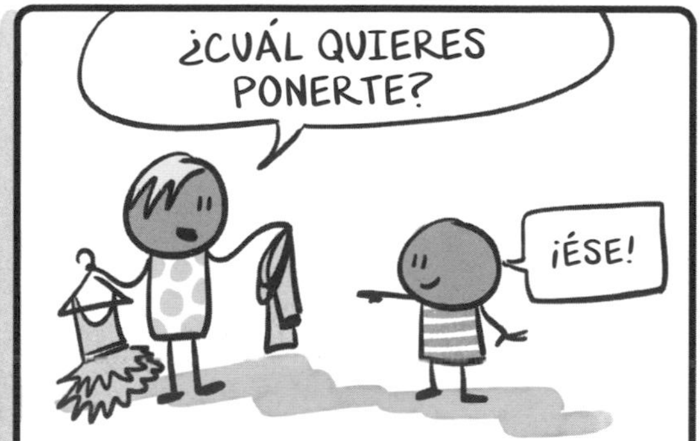
¿CUÁL QUIERES PONERTE?
¡ÉSE!

Y HAY QUIENES PIENSAN QUE LOS ADULTOS DEBEN DECIDIR:

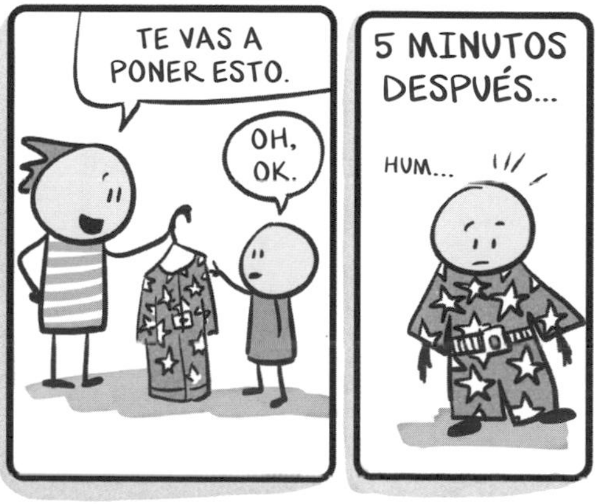
TE VAS A PONER ESTO.
OH, OK.
5 MINUTOS DESPUÉS...
HUM...

ES GENIAL CUANDO TU FAMILIA

APOYA TUS DECISIONES:

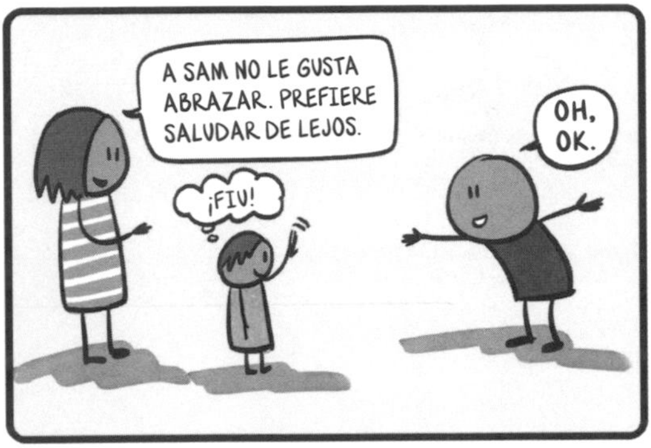
A SAM NO LE GUSTA ABRAZAR. PREFIERE SALUDAR DE LEJOS.
¡FIU!
OH, OK.

PERO SI **NO**:

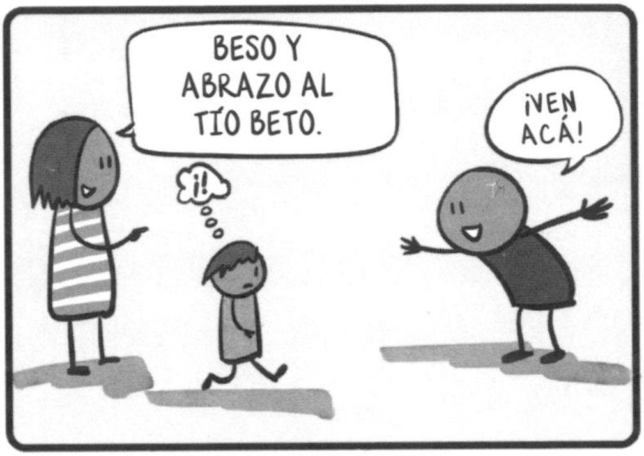
BESO Y ABRAZO AL TÍO BETO.
¡!
¡VEN ACÁ!

TIENES ALGUNAS OPCIONES:

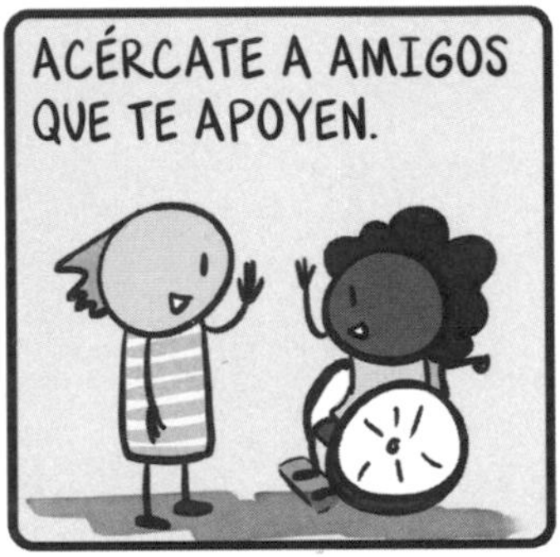
ACÉRCATE A AMIGOS QUE TE APOYEN.

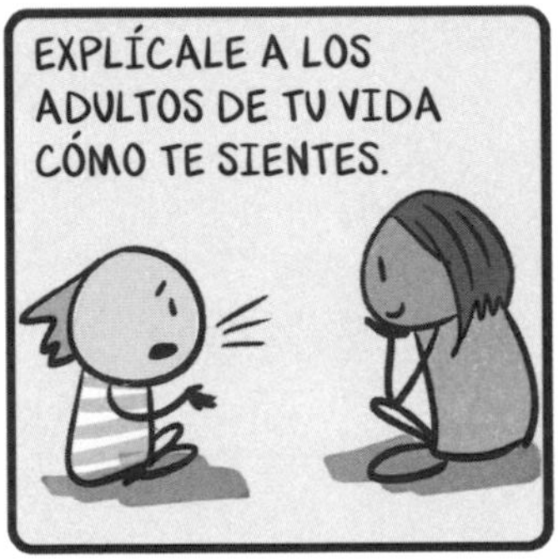
EXPLÍCALE A LOS ADULTOS DE TU VIDA CÓMO TE SIENTES.

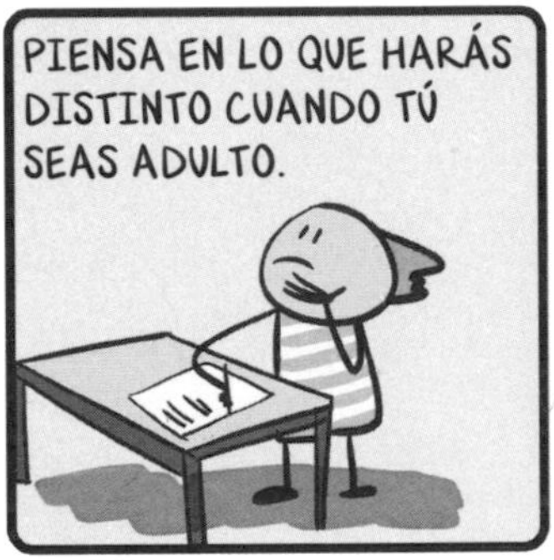
PIENSA EN LO QUE HARÁS DISTINTO CUANDO TÚ SEAS ADULTO.

SI YA NO ES SÓLO UN FASTIDIO Y ALGUIEN:

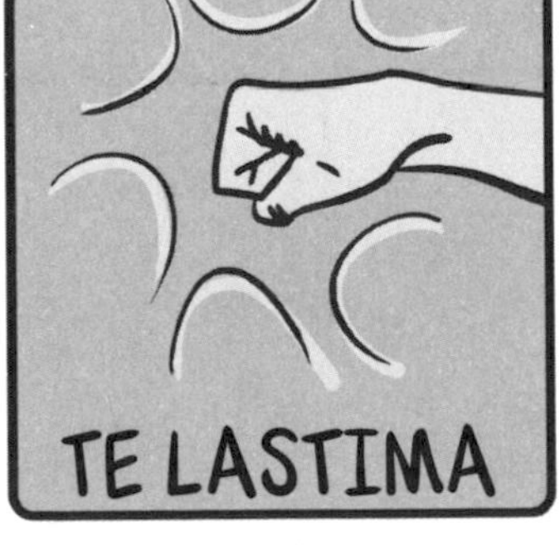
TE LASTIMA

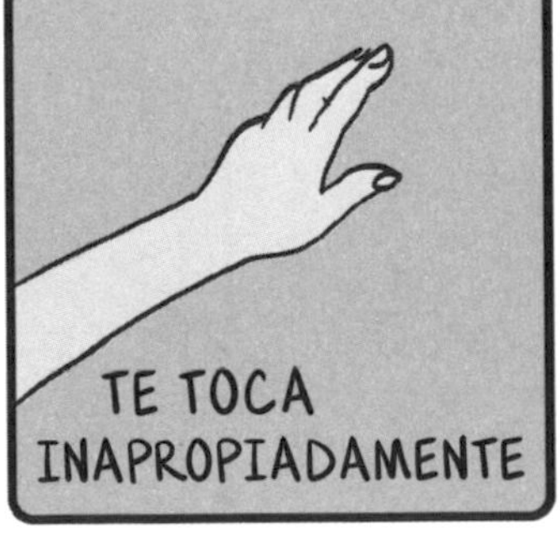
TE TOCA INAPROPIADAMENTE

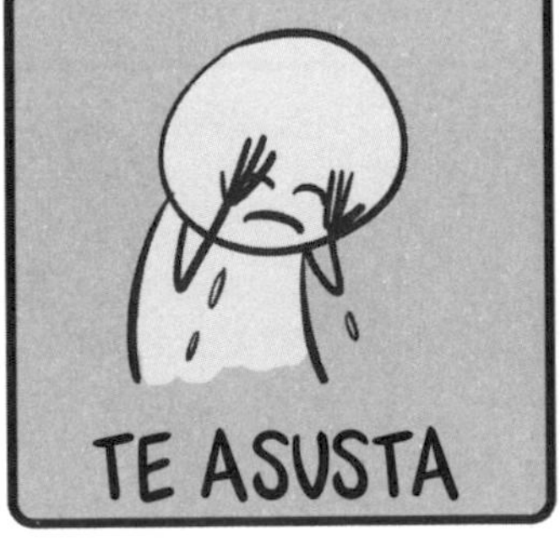
TE ASUSTA

O SI TE SIENTES CONFUNDIDO

BUSCA AYUDA. (En las páginas 67 Y 68 hay información.)

BUSCA A TU TRIBU

NO TODAS LAS PERSONAS DE NUESTRA VIDA PRACTICAN EL **CONSENTIMIENTO.**

POR ESO ES TAN IMPORTANTE CULTIVAR AMISTADES SÓLIDAS.

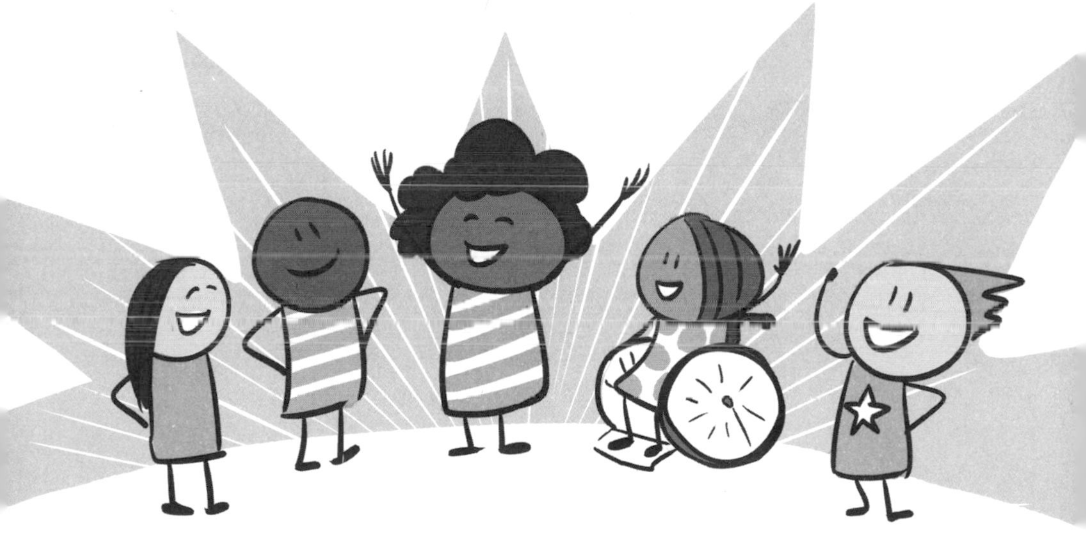

QUE EN TU VIDA HAYA PERSONAS QUE TE APOYEN, ESCUCHEN Y RESPETEN TE AYUDARÁ A SER FELIZ.

(Y tú harás lo mismo por ellas.)

¡AUXILIO!

SI ALGUIEN HA TRASPASADO TUS LÍMITES
Y TIENES MIEDO, ESTÁS LASTIMADO O TE SIENTES
EN PELIGRO, BUSCA AYUDA.

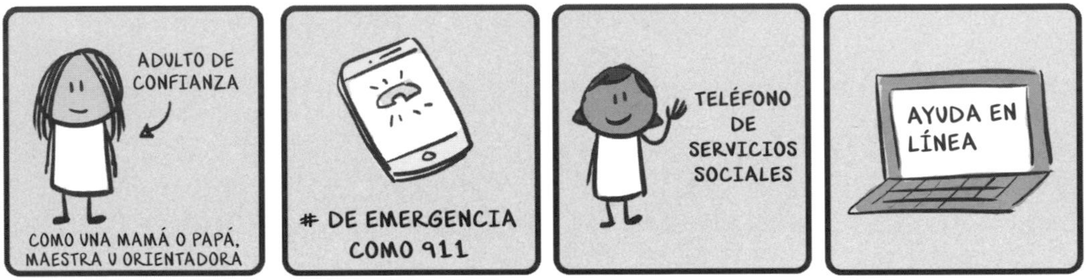
ADULTO DE CONFIANZA
COMO UNA MAMÁ O PAPÁ, MAESTRA U ORIENTADORA
DE EMERGENCIA COMO 911
TELÉFONO DE SERVICIOS SOCIALES
AYUDA EN LÍNEA

PORQUE HAY ALGUNAS COSAS A LAS QUE
NIÑAS Y NIÑOS **NO PUEDEN** CONSENTIR

Y RECUERDA QUE
NO
ES TU CULPA.

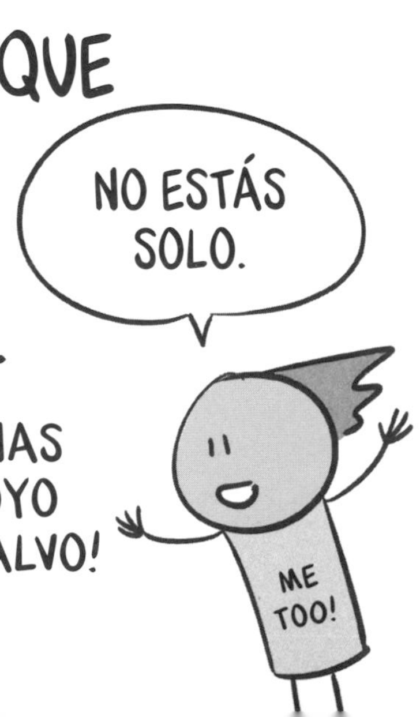
NO ESTÁS SOLO.
ME TOO!

¡CONÉCTATE CON PERSONAS
QUE PUEDAN DARTE APOYO
Y TE AYUDEN A ESTAR A SALVO!

DATOS ÚTILES

AQUÍ TIENES LÍNEAS DE AYUDA Y SITIOS DE INTERNET EN VARIOS PAÍSES. SI NO ENCUENTRAS INFORMACIÓN DE TU PAÍS PUEDES BUSCAR EN INTERNET CON AYUDA DE ALGUIEN DE CONFIANZA O HABLAR AL TELÉFONO DE EMERGENCIAS QUE CONOZCAS.

ARGENTINA

Marca 911, 102 y *31416 desde un teléfono móvil
o 101 (Policia) o 102 (Ayuda al Niño)
http://www.menores.gob.ar/

CHILE

Marca 147 (Fono Niños) o 134 (Policia de Investigaciones)
https://www.sename.cl/web/

COLOMBIA

Marca 106 (Línea de los Niños), 141,
01 8000918080 (Instituto Colombiano de Bienestar Familiar),
123 (Número Único de Prevención, Emergencias y Seguridad)
o 112 (Policia)
https://seguridadenlinea.com/

ECUADOR

Marca 911 (número integral de seguridad y emergencias) o
01-800-DELITO o 2955734/2950214 (Dirección Nacional de Policia
Especializada para Niños, Niñas y Adolescentes)
https://www.ahoraquelovesdinomas.com/denunciar.php

ESPAÑA

Marca 112 (Número Único de Asistencia al Ciudadano)
o 116111 (Línea de ayuda a niños y adolescentes)
http://www.comunidad.madrid/servicios/asuntos-sociales/proteccion-menor

MÉXICO

Marca 911 (número integral de seguridad y emergencias)
https://www.dif.cdmx.gob.mx/
https://www.gob.mx/sipinna

PANAMÁ

Marca 104 (Policía Nacional de Panamá),
911 (Sistema Único de Manejo de Emergencias)
o 5119228 y 5119540 (Policía de Menores)
https://www.unicef.org/panama/

PERÚ

Marca 911 (número integral de seguridad y emergencias),
105 (Policía), 106 (Sistema de Atención Móvil de Urgencias),
080000135 o 100
http://www.mimp.gob.pe/homemimp/direccion-investigacion-tutelar.php

URUGUAY

911 (número integral de seguridad y emergencias),
109 (Emergencia Policía)
o 08005050 (Instituto del Niño y el Adolescente del Uruguay)
http://www.inau.gub.uy/

ESTADOS UNIDOS

911 o 112 (número integral de seguridad y emergencias)
o 1-800-4-A-CHILD
www.childhelp.org

☆ AGRADECIMIENTOS ☆

A mis editores, Lisa Yoskowitz y Laura Horsley. Sus comentarios y sugerencias, siempre inteligentes y reflexivos, ayudaron a que se concretara este libro. Ha sido un enorme placer trabajar con ustedes, y se nota en la potencia del producto final.

A Karina Granda por su increíble dirección de arte y su ayuda con los aspectos técnicos, y a Annie McDonnell, Laura Hambleton y todo el equipo de Hachette que ayudaron a que este libro quedara tan lindo.

Gracia a mi agente, Molly Ker Hawn, de Bent Agency, por ser mi "doula" editorial; estoy muy agradecida por haber tenido tus conocimientos, guía y habilidades de mi lado.

Gracias especiales a mis expertos lectores por sus veloces y profundos comentarios sobre el contenido: Kristy Kosak, Sarah Potts, Kim Alaburda y Jess Burke.

Para Sarah Brian, la persona perfecta para llamar en busca de inspiración, colaboración o conmiseración.

Para Barbara y Doug Brian, que a veces todavía me preparan el desayuno.

Para Laura Westberg, cuyos sabios consejos me permitieron seguir aterrizada y (medio) cuerda en momentos tanto de incertidumbre como de dicha.

Para Julie Talbutt, mi roca.